Besuche bei Sterbenden

Ein kleiner Leitfaden zum Dienen
bei Krankheit und Tod
von Sarayu Johnson

Mata Amritanandamayi Center, San Ramon
Kalifornien, Vereinigte Staaten

Besuche bei Sterbenden – Ein kleiner
Leitfaden zum Dienen bei Krankheit und Tod
von Sarayu Johnson

Herausgegeben von

Mata Amritanandamayi Center, P.O. Box 613
San Ramon, CA 94583
Vereinigte Staaten

———— *Being with Dying (German)*————

Erstausgabe vom MA Center: September 2016

In Deutschland: www.amma.de

In der Schweiz: www.amma-schweiz.ch

In India:

inform@amritapuri.org
www.amritapuri.org

Dieses Buch wird zu den Lotusfüßen
unserer innig geliebten Amma gelegt,
der Einen jenseits von Leben und Tod.

Om mṛtyu-mathanyai namaḥ
Ich verneige mich vor der göttlichen Mutter,
die den Tod beseitigt.

Inhaltsverzeichnis

Sri Mata Amritanandamayi

Durch ihre außergewöhnlichen Handlungen voller Liebe und Selbstaufgabe hat Sri Mata Amritanandamayi Devi, die allgemein bekannt ist als ‚Amma' (Mutter), Millionen von Menschen aus der ganzen Welt angezogen. Sanft streichelt sie alle, die zu ihr kommen, drückt sie in einer liebevollen Umarmung an ihr Herz und teilt so ihre grenzenlose Liebe mit allen – unabhängig von deren Glauben, Status und warum sie zu ihr gekommen sind. Mit dieser einfachen, jedoch kraftvollen Art und Weise, transformiert Amma die Leben unzähliger Menschen. Umarmung für Umarmung hilft sie ihren Herzen sich zu öffnen. In den letzten 38 Jahren hat Amma physisch mehr als 29 Millionen Menschen aus allen Teilen der Welt umarmt.

Ammas mitreißender Fluss der Selbstauf-
opferung, um andere zu erheben, war Inspiration für ein weites Netzwerk karikativer
Aktivitäten. Durch Dienst am anderen können
Menschen das tiefe Gefühl von Frieden und
innerer Erfüllung finden, das jedem selbstlosen Tun entspringt. Amma lehrt, dass das
Göttliche in allem weilt, im Belebten und im
Unbelebten. Diese Wahrheit zu erfahren, ist
die Essenz von Spiritualität, das Mittel, um
alles Leiden zu beenden.

Ammas Lehren sind universell. Wann
immer sie über ihren Glauben befragt wird,
antwortet sie, ihre Religion sei die Liebe. Sie
weist niemanden an, an Gott zu glauben oder
seinen Glauben zu ändern, sondern einfach
nur, die eigene Natur zu erforschen und an
sich selbst zu glauben.

Vorwort

Als ich hörte, dass Sarayu ein kleines Buch geschrieben hatte über den Umgang mit Menschen, die im Sterben liegen, war ich sehr daran interessiert, es zu lesen und mehr darüber zu lernen. Ich hatte Menschen wie mich – die kaum mit Tod und Sterben direkt in Berührung gekommen waren – als begünstigt angesehen. Bis ich hörte, wie wertvoll und kostbar für so viele die Zeit ist, die sie mit Menschen im letzten Stadium ihres Lebens verbracht haben. Mit einem sterbenden Menschen zu sein, muss nicht mit Angst und Kummer belastet sein, wie wir annehmen könnten. Es kann zu einem unglaublich schönen und tief greifenden Erlebnis werden, das uns hilft, menschlich zu wachsen.

Da ich nie mit jemandem im letzten Stadium seines oder ihres Lebens zusammen gewesen war, merkte ich, dass ich nicht wissen würde, was ich tun oder sagen sollte, wenn ich mich plötzlich in dieser schwierigen Situation befände. Was für eine Erleichterung ist es zu entdecken, dass es da eigentlich nichts gibt, was man wirklich tun oder sagen muss; einfach mit dem Sterbenden ‚sein' ist ausreichend.

Dieses ‚Sein' bezieht sich nicht nur auf das Sein in der Gegenwart einer sterbenden Person. Es bezieht sich auf das ‚Sein' mit dem Phänomen des Sterbens in seiner Gesamtheit. Und letztlich bedeutet das, in Frieden zu sein mit der Sterblichkeit, sowohl der eigenen als auch der der uns Nahestehenden. Veränderung gehört zum Leben. Was geboren wird, muss eines Tages sterben. Jedoch verpuppt sich die Raupe nicht in ihrem Kokon um zu vergehen, sondern um ihre Begrenzung abzustreifen und als ein wunderschöner Schmetterling auszuschlüpfen. Vergleichsweise können wir durch spirituelles Verständnis aus dem Kokon unserer Angst und unserer falschen Konzepte über Tod und Sterben herausschlüpfen und lernen, der tiefen Weisheit des Lebens zu vertrauen.

Wenn Amma Menschen tröstet, die krank sind oder die den Verlust eines nahe stehenden Menschen beklagen, versucht sie nicht, ihnen tiefe spirituelle Lehren zu vermitteln. Normalerweise hält sie sie einfach in ihren Armen. Während sie sowohl deren Tränen als auch die eigenen trocknet, sagt sie ihnen, sie sollten nicht weinen. Wenn ich davon Zeuge wurde, fragte ich mich oft: „Warum sagt Amma nichts anderes zu ihnen?" Wie auch immer, ich bin zu dem Verständnis gekommen, dass in solchen Momenten Ratschläge nicht helfen. Vielmehr erlaubt sich Amma, einfach mit ihnen zu sein, eins mit ihnen zu werden. Und indem sie den

Schmerz mitfühlt, verwandelt sie ihn in ihrer Bewusstheit und Liebe.

Dadurch dass sie jeden Moment in all seiner Fülle umarmt, zeigt uns Amma, wie wir dem Wunder des großen Unbekannten und dem Mysterium unserer eigenen Sterblichkeit mit Mut und Vertrauen begegnen können. Ich hoffe, dass alle, die dieses kleine Buch lesen, die Essenz aufnehmen und somit Frieden finden und ihn ausstrahlen können.

– Swamini Krishnamrita Prana
Amritapuri Ashram

Einführung

„Kinder, selbst wenn wir uns nicht in einer Position befinden, in der wir anderen materiell helfen können, können wir ihnen wenigstens ein liebenswürdiges Lächeln oder ein freundliches Wort schenken. Das kostet nichts. Was nötig ist, ist ein mitfühlendes Herz – dies ist der erste Schritt im spirituellen Leben. Diejenigen, die zu anderen freundlich und liebenswürdig sind, brauchen nicht herumzuwandern auf der Suche nach Gott, denn Gott wird zu dem Herzen hineilen, das mit Mitgefühl schlägt. Solch ein Herz ist der Platz, an dem Gott am liebsten verweilt."

– Amma

Mein Vater starb an Krebs, als ich 26 Jahre alt war. Zum Zeitpunkt der Diagnose lebte ich seit drei Jahren in Amritapuri. Ich kann

mich noch an diesen unwirklichen Telefonanruf erinnern – mein Vater sagte, dass die
Ärzte zwei Tumore in seiner Lunge gefunden
hätten. Durcheinander und schockiert ging
ich zu Amma. Sie empfahl mir, nach Amerika
zu gehen und bei ihm zu sein. So erhielt ich
unerwartet die Aufgabe, ihn die letzten sechs
Monate seines Lebens zu begleiten. Er war
fünfzig Jahre alt, als er starb.

Wir hatten immer eine gute Beziehung
gehabt, aber die Verbindung, die durch diese
neuen Umstände entstand, war tiefgründig
und heilig. Die Liebe, die immer zwischen uns
bestanden hatte, wurde nun offen ausgedrückt.
Dieses Erlebnis beeinflusste mich tief. Die
Erinnerung an diese Zeit mit meinem Vater
ist ein wertvoller Juwel, den ich in meinem
Herzen trage.

Was ich damals nicht erkannte, war, dass
Amma durch ihre einfache Antwort, ich solle
gehen und mit ihm sein, einen Samen setzte.

Einen Samen, der später meine Inspiration war, Seelsorgerin zu werden. Ich diente zwischen 2003 und 2005 als Seelsorgerin in Amerika. In dieser Zeit hatte ich die Gelegenheit Menschen zu begleiten, die unter vielen verschiedenen Krankheiten litten.

In diesen zwei Jahren kam ich in vielerlei Hinsicht an meine Grenzen. Ich musste mich stark auf meinen Glauben stützen, um die Größe des Leidens, dessen ich Zeuge wurde, zu akzeptieren, ihm Sinn zu geben oder es einfach nur auszuhalten. Diese Erfahrung hat mich für immer verändert.

Ich arbeitete mit Menschen, denen es an vielem mangelte, was für uns selbstverständlich ist. Manchen mangelte es an allem: Sie hatten weder Freunde noch Familie, die zu Besuch hätten kommen können, keinen starken Glauben, der sie hätte unterstützen können und keine Freunde, die ihnen durch den

Dschungel der medizinischen Entscheidungen den Weg gebahnt hätten.

Indem ich Zeuge ihrer Bedürfnisse und ihres Leidens war, wurde mir immer wieder gezeigt, was die wichtigsten Dinge im Leben sind: Zu dienen, achtsam zu sein und zu lieben – je mehr wir uns damit beschäftigen, wie wir Sterbenden am besten dienen können, desto mehr sehen wir, dass die gleichen Regeln auf alle Lebensphasen anwendbar sind.

Ich erkannte, dass diese Arbeit Hand in Hand geht mit Ammas Lehren und mit dem *Sadhana* (den spirituellen Übungen), die sie empfiehlt. Amma ist die perfekte Seelsorgerin und für uns das herausragendste Vorbild für jegliche Situationen, denen wir im Leben begegnen können.

Ich bin keine Expertin. Ich habe einfach versucht, aufmerksam zu beobachten, was um mich herum und in mir vorgeht. Ich teile sowohl meine Erfahrungen als auch meine Fehler mit, in der Hoffnung, dass wir alle unser Verständnis vertiefen können. Möge unsere Fähigkeit wachsen, gegenwärtig zu sein und uns umeinander zu kümmern in Zeiten der Not.

Es ist sehr wohl möglich, dass du einmal einen ähnlichen Telefonanruf erhältst, dass jemand, den du kennst, mit der Diagnose einer tödlichen Krankheit konfrontiert ist. Wie wirst du damit umgehen? Fühlst du dich genügend darauf vorbereitet, mit einem sterbenden Menschen zu sein? Was wäre die hilfreichste Haltung, mit der du der Situation begegnen könntest? Wie können wir am besten Menschen dienen, die im Sterben liegen?

Auch wenn dieses Buch kurz ist, enthält es eine große Menge an Informationen, die vielleicht neu für dich sind. Deshalb lade ich dich ein, es langsam zu lesen und dir nach jedem Abschnitt Zeit zum Reflektieren zu nehmen, zum Aufnehmen und Verdauen der Ideen. Schaue, wie sie sich auf deine eigene Situation anwenden lassen.

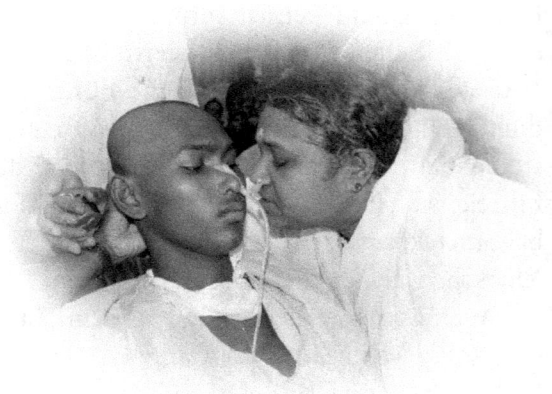

Das Sterben

„*Empfindsame Menschen mit einem mit-
fühlenden Herz sind schwer zu finden.
Finde deine eigene innere Harmonie, den
schönen Gesang des Lebens und der Liebe
in dir. Gehe nach draußen und diene
den Leidenden. Lerne, anderen Vorrang
zu geben. Respektiere jeden, denn das ist
der Weg zu Gott und zu deinem eigenen
Selbst.*"

— Amma

Sterbenden dienen – eine spirituelle Praxis

„Viele Menschen wollen nicht meditie-ren, weil die Erfahrung von Stille in der Meditation sie auf den Gedanken bringt, sie würden nun sterben.

Ihr versteht nicht, dass Meditation das rettende Prinzip ist – dass sie unsterblich und ewig macht.

Meditation trägt euch aus dem Kreislauf von Tod und Wiedergeburt hinaus. In der Tat gebietet sie der Furcht vor dem Tod Einhalt. Meditation und spirituelle Übungen geben euch die Kraft und den Mut, den Tod anzulächeln.“

– Amma

Bei einem Sterbenden zu sitzen ist eine extrem kraftvolle spirituelle Praxis. Diese Situation verlangt von uns, dass wir alle Eigenschaften anwenden, nach denen wir im spirituellen Leben streben: Gleichmut, Mitgefühl, Hingabe, Vertrauen und anderen den Vorrang zu geben. Es ist eine wunderbare Gelegenheit, Ammas Lehren zu leben.

In diesem Kapitel werden wir einige Lehren von Amma betrachten, die wir üben können, wenn wir einem Sterbenden dienen: Gegenwärtig sein, uns in Geduld üben, uns an die Wahrheit erinnern, dass wir nicht der Körper, sondern das Selbst sind und das Herz öffnen.

Gegenwärtig sein

„So wie ein Kind völlig im Augenblick lebt, so lasse, wenn du liebst, dein ganzes Wesen präsent sein in dieser Liebe ohne jegliche Trennung oder Vorbehalte. Tue

nichts nur halbherzig, sondern gibt dein Bestes und sei ganz in der Gegenwart. Brüte nicht über die Vergangenheit und halte nicht an ihr fest. Vergesse die Vergangenheit und höre auf, von der Zukunft zu träumen.

Drücke dich selbst aus, indem du ganz präsent bist, genau jetzt. Nichts, nicht das Bereuen der Vergangenheit noch Ängste vor der Zukunft sollten den Fluss stören, wenn du deine inneren Gefühle ausdrückst. Lasse alles los und erlaube dir ganz darin aufzugehen."

– Amma

Das bedeutsamste Geschenk, das wir einem Sterbenden anbieten können, ist gegenwärtig zu sein, aktiv zuzuhören und ihm unsere ganze Aufmerksamkeit zu schenken. Präsent zu sein bedeutet erhöhte Wachsamkeit und Empfindsamkeit für ihre oder seine Situation, und dass wir sie oder ihn mit jedem wechselnden

Moment neu annehmen. So wird die Zeit, die wir mit Betroffenen verbringen, zu einer Form von Meditation. Wenn wir zuschauen, wie Amma *Darshan* gibt (traditionell bedeutet das, einen Heiligen zu sehen, aber bei Amma bedeutet es, dass sie Menschen segnet, indem sie sie umarmt), werden wir Zeuge der Kraft ihrer absoluten Präsenz für eine andere Person. Einer nach dem anderen kommen die Menschen zu Amma. Manche kommen zum ersten Mal, manche sind traurig, manche fröhlich und manche schüchtern. Nichtsdestoweniger trifft Amma jeden an dem Punkt, an dem er gerade steht.

Wenn du auf dem spirituellen Weg bist und bei einem Sterbenden sitzt, versuche mehr zu lernen über deine eigenen Ängste und dein unbewusstes Verhalten. So wirst du viele Einsichten über dich selbst erlangen. Wenn du gewohnt bist in Kontemplation oder Meditation mit deinen eigenen unangenehmen

Gefühlen und Gedanken zu sitzen oder sie zu beobachten, dann bist du besser ausgerüstet für die unangenehmen Gefühle, die auftauchen können, wenn wir bei Sterbenden sitzen. In der Tat ist jede Praxis – sei es Meditation, Rezitieren, den Rosenkranz beten, zu einem Zwölf-Schritte-Programm gehen – eine große Hilfe für dich und die Person, die du besuchst. Solche Praktiken helfen uns, ruhig zu bleiben, zentriert und gegenwärtig – all die wesentlichen Eigenschaften, die uns helfen, Sterbenden zu dienen.

Amma sagt: „Nur ein Mensch, der von Augenblick zu Augenblick lebt, kann ganz frei sein von Furcht. Nur er kann den Tod friedlich umarmen. Ein solches Leben ist nur durch Meditation und spirituelles Üben möglich. Wo Ego ist, da ist auch Angst vor dem Tod. Wenn das Ego einmal transzendiert ist, wird man egolos und die Todesfurcht vergeht. In diesem Zustand wird der Tod zu einem großen festlichen Ereignis."

Geduld

„Geduld und Selbst-Hingabe sind unent-
behrlich für einen spirituell Suchenden."

– Amma

Wie geduldig, tolerant und mitfühlend sind wir? Wir werden das schnell herausfinden, wenn wir regelmäßig einen Sterbenden besuchen. Vorher noch voller Energie, beginnen die, die uns nahe sind, nun langsamer zu denken und sich zu bewegen. Aktivitäten wie Essen und Duschen können doppelt so lange dauern wie früher. Viele mögen sogar durch starke Stimmungsschwankungen und Veränderungen der Persönlichkeit gehen. Dies sind alles Situationen, die unsere Geduld auf die Probe stellen. Wir müssen wachsam sein, unsere Geduld zu bewahren, denn Ungeduld kann uns dazu bringen, anderen unbewusst unseren Willen aufzuzwingen.

Der Zweck unserer spirituellen Praxis ist letztlich, zum Wohle der Menschheit beizutragen. Amma sagt: „Kinder, Geduld ist nötig um spirituelle Fortschritte zu machen. Verliert nie die Geduld. Macht eure spirituellen Übungen mit höchster Aufrichtigkeit und wartet geduldig. Wenn ihr aufrichtig seid, wird der Erfolg nicht ausbleiben."

In der täglichen Erfahrung des Dienstes an Kranken oder Sterbenden mögen wir uns dabei ertappen, dass wir eine Person bei einer Aktivität antreiben oder uns wünschen, sie würde sich beeilen und eine Entscheidung treffen. Amma gibt uns einen sehr praktischen Rat: „Ungeduld zerstört. Sei geduldig. Wahres Leben ist Liebe. Wenn du liebst, kannst du nicht hetzen. Du musst Geduld haben. Wenn du dich in einer Situation befindest, die dich aus der Fassung bringt, beobachte einfach, was geschient. Werde nicht beleidigend. Reagiere nicht. Versuche zu verstehen, dass das eigentliche Problem nicht in der Situation liegt, sondern darin, wie du auf sie reagierst. Sobald du erkennst, dass du im Begriff bist, negativ zu reagieren – an diesem Punkt halte inne. Höre auf zu reden."

Uns daran erinnern, dass wir nicht der Körper sind, sondern das Selbst

„Wenn wir geistigen Frieden wollen, sollten wir den Unterschied zwischen Bleibendem und Vergänglichem verstehen und dementsprechend handeln. Alle uns Nahestehenden werden eines Tages sterben und wir werden alleine sein. Deshalb sollten wir über das wirkliche Ziel des Lebens nachdenken. Wenn wir mit diesem Verständnis leben, fürchten wir nicht einmal den Tod. …

Es ist gut, wenn spirituelle Menschen einmal im Monat Krankenhäuser besuchen. Das stärkt das Gemüt und macht es gleichzeitig weicher. Indem wir uns in Leidenschaftslosigkeit üben, erlangen wir größere Zielstrebigkeit. Das Herz wird sanft durch Mitgefühl. …

Wir verstehen, wie albern dieses Leben ist, wenn wir begreifen, dass wir die Nächsten sein können. Uns wirklich bewusst zu sein, dass wir sterben werden, hilft uns mehr Losgelöstheit zu entwickeln. Der Tod folgt uns wie ein Schatten. Im Wissen und Verstehen, dass der Tod unvermeidlich ist, sollten wir uns sehr bemühen, die ewige Wahrheit zu erkennen, bevor der Körper vergeht. Niemand weiß, wer der Nächste ist. Niemand kann es vorhersagen.“

– Amma

Bei einem Sterbenden zu sitzen kann sehr schwierig sein. Diese Arbeit erfordert innere

Stabilität. Denn unweigerlich werden wir mit
unserer eigenen Sterblichkeit konfrontiert. Fragen tauchen auf: Wie werde ich selbst sterben?
Wer wird an meiner Seite sein? Wie wird es
sich anfühlen? Wenn wir alleine sind, können
wir kontemplieren und in Frieden kommen
mit unserem eigenen Tod. Wann haben wir
größte Zufriedenheit, Freude oder tiefsten
Frieden in unserem Leben gespürt? Wer und
was ist wirklich am wichtigsten für uns? Wo
in unserem Leben gibt es Unerledigtes?

Amma sagt: „Denkt daran, in jedem
Moment ist diese große Bedrohung des Todes
zugegen. Wenn wir das begreifen, ist das ein
heftiger Schlag gegen unser Ego. Wenn wir
die Gegenwart des Todes spüren, hilft uns
das, im Jetzt zu leben. Es hilft uns, für andere
zu sorgen."

Das Herz öffnen

> *„Das Wesen der Mütterlichkeit ist nicht auf Frauen begrenzt, die Kinder geboren haben. Es handelt sich vielmehr um ein Prinzip, das sowohl den Frauen als auch den Männern innewohnt. Es hat mit der inneren Einstellung zu tun. Es bedeutet Liebe – und dass Liebe der Lebensatem ist.“* [1]

– Amma

Ob wir Frau oder Mann sind, die innere universelle Mutterschaft in uns allen bekommt eine Chance aufzublühen, wenn wir Sterbenden dienen. Diese Situation ist eine wunderbare Gelegenheit, unseren rationalen Verstand beiseite zu lassen und in unser Herz zu sinken.

---

[1] Mata Amritanandamayi: *Das Erwachen universeller Mütterlichkeit* (Rede von Genf), Kerala, Indien: Mata Amritanandamayi Mission Trust, 2003

Eine von Ammas *Brahmacharinis* hat als
Freiwillige im Hospiz in San Francisco gearbeitet, bevor sie Amma kennenlernte. Dort hatte
sie einige Male eine junge Frau besucht, die an
Lungenkrebs starb. Es war schwierig mit dieser
Frau umzugehen, da sie sehr unfreundlich und
aggressiv war.

Eines Tages rief das Krankenhaus die Freiwillige an, um ihr mitzuteilen, dass es dieser
Frau plötzlich deutlich schlechter ginge und
sie vermutlich in den nächsten 24 Stunden
sterben werde. Sie machten sich Sorgen, weil
sie nicht mit der Familie in Kontakt treten
konnten. Sie baten sie zu kommen und bei der
Patientin zu sitzen.

Sie ging zum Krankenhaus und sobald sie
den Raum betrat, konnte sie sehen, dass die
Frau sehr verängstigt war und Mühe hatte zu
atmen. Sie versuchte mit ihr zu reden, aber
es gab nichts, was sie sagen oder tun konnte,
um sie zu beruhigen. So saß sie nur still da,

31

stundenlang. Sie konzentrierte sich darauf, mit der sterbenden Frau zu sein, von ganzem Herzen. Sie bemühte sich, ihr eigenes Herz offen zu halten für die Gegenwart der Frau und ihre Angst. Irgendwann schien sich die junge Frau etwas zu beruhigen.

Einige Stunden später kam die Familie und die Hospiz-Freiwillige verließ das Krankenhaus.

Als sie auf den Bus wartete, fühlte sie, dass ihr Herz weit offen war, wie sie es noch nie erlebt hatte. Sie fühlte ganz tief, dass sie alles und jeden liebte. Als sie einstieg, verspürte sie sogar den Wunsch, den Busfahrer zu umarmen!

Momente, die wir mit Sterbenden verbringen, haben eine andere Qualität; alle Masken fallen ab. Im Gespräch mit einem sterbenden Menschen werden wir uns der Zeit stärker bewusst und der Tatsache, dass die Zeit dieses Menschen begrenzt ist. Wir werden uns bewusst, dass das meiste, über das wir sprechen, eigentlich sehr unbedeutend ist und selten wichtig. Wir spüren, dass die Zeit drängt, erkennen, wie kostbar sie ist und erhalten tiefere Einsicht in Ammas Lehre: „Verschwendet keine Zeit. Amma ist über den Verlust von zehn Millionen Rupien nicht bekümmert, aber Amma ist wirklich besorgt über die Verschwendung eines einzigen Momentes. Geld kann man wiederbekommen, verlorene Zeit nicht. Kinder, seid euch immer des Wertes von Zeit bewusst."

Wenn du viel Zeit mit einem Sterbenden verbringst, kann eine sehr tiefe Vertrautheit zwischen euch entstehen. Gedanken über die Alltagsgeschäfte, unser Merkzettel, was wir noch zu erledigen haben, Meinungsverschiedenheiten mit Mitarbeitern – all die Dinge, die uns normalerweise davon abhalten, ganz im Moment zu sein, rücken in den Hintergrund, wenn wir uns Nahestehende besuchen.

Wir mögen langsam erkennen, dass alles was in unserem Leben geschieht und für uns ein Problem darstellt, nichts ist verglichen mit der Situation eines sterbenden Menschen. Dies ist ein Geschenk, das die sterbende Person uns unbewusst macht. Sie verlangsamt unser Leben und zeigt uns, was wirklich wichtig und bedeutungsvoll im Leben ist. Es kommt uns allen zugute, wenn wir uns auf einer solch tiefen Ebene begegnen. Normalerweise fühlen sich alle sehr genährt, wenn eine solche Verbindung von Herz zu Herz geschieht. Dies ist eine kostbare Erfahrung, die uns bereichert und viele Bereiche unseres Lebens befruchtet.

Heilung

„Liebe kann ein verwundetes Herz heilen und den Geist der Menschen transformieren. Mit Hilfe von Liebe kann man alle Hindernisse überwinden. Liebe kann uns helfen, jegliche körperliche, geistige und verstandesmäßige Spannung loszulassen, und kann uns so Frieden und Glück bringen. Liebe ist der göttliche Nektar, der dem Leben seine Schönheit und seinen Zauber schenkt. Liebe kann eine andere Welt erschaffen, in der ihr unsterblich und ohne Tod seid."

– Amma

Es ist ein Kreislauf: Die spirituelle Praxis hilft uns, eine sterbende Person zu begleiten, und die Begleitung eines Sterbenden ist eine extrem kraftvolle spirituelle Praxis. Es ist ein wechselseitiger Prozess. Auch unsere eigenen noch offenen Wunden mögen ans Licht kommen und die Gelegenheit zum Heilen bekommen. Ein Krankenhausseelsorger erzählte mir folgende Geschichte:

„Ich wurde gebeten, einen Jugendlichen zu besuchen, auf den geschossen worden war. Er war in einem kritischen Zustand und sie erwarteten nicht, dass er überleben würde. Als ich von ihm hörte, schlug mein Herz schneller und ich ging auf die Station. Ich erinnere mich nicht, dass außer mir noch jemand im Zimmer war – nur dieser bewusstlose Junge mit Schläuchen, Drähten und Lampen um sich herum. Ich erinnere mich schwach, dass ich ihn eine Minute angeschaut habe, seinem schweren Atem lauschte und dann den Raum verließ. Ich bemerkte erst, als ich den Gang zur

Hälfte entlang gegangen war, dass ich mich an der Wand abstützte.

Meiner Schwester war in den Hinterkopf geschossen worden, als sie sechzehn war. Sie lag zwei Tage im Koma, bevor sie starb. Die Kugel, die meine Schwester traf, zerschmetterte unsere ganze Familie. Wir hatten keinen Glauben, nichts das uns geholfen hätte, dies zu erklären, nichts, woran wir uns hätten festhalten können, nicht einmal uns gegenseitig. Mein Vater glaubte nicht an Therapien, meinte, das sei etwas für schwache oder verrückte Menschen. So haben wir uns jeder in unsere eigene Verwirrung und unseren Schmerz zurückgezogen, für die nächsten 25 Jahre. Damals war ich zehn Jahre alt gewesen.

Nachdem ich an das Bett des Jungen gerufen wurde, der das gleiche Alter hatte wie meine Schwester damals, begriff ich, dass diese alte, tiefe Wunde, die ich seit ihrem plötzlichen Tod trug, noch nicht voll verheilt war, obwohl ich Jahre an diesem Thema gearbeitet hatte. Ich war absolut unfähig, mit der Situation dieses Jungen umzugehen."

Einem Sterbenden zu dienen ist sehr hilfreich, um zu erkennen, wo wir in Bezug auf unsere emotionale Reife wirklich stehen. Als Erstes müssen wir ermitteln, ob wir bereit und fähig sind, mit der gegebenen Situation umzugehen. Wenn wir glauben, dass wir unfähig sind, emotional zu helfen, müssen wir uns entscheiden: Entweder müssen wir offen sagen, dass wir unfähig sind mitzuhelfen, oder wir müssen es als Gelegenheit sehen, uns auf unseren eigenen Selbstheilungsprozess einzulassen oder ihn zu vertiefen. Der wichtige Punkt ist, dass wir uns selbst bewusst sind, wie uns die Umstände beeinflussen. Dr. Elisabeth Kübler-Ross[2] erklärt in ihrem wichtigen Buch

---

[2] Dr. med. Elisabeth Kübler-Ross (1926-2004) war eine Schweizer Psychiaterin und Autorin des bahnbrechenden Buches ‚Interviews mit Sterbenden'. Ihre

über Pflege in Hospizen, *Living with Death and Dying*: „Es ist wesentlich, dass jeder, der sich um Sterbende und ihre Angehörigen kümmert, jeden Moment seine eigenen Angelegenheiten und seinen eigenen Schmerz versteht, um Projektionen der eigenen Ängste zu vermeiden."[3]

Hingabe und Zielstrebigkeit veränderte für immer, wie die Welt mit Sterbenden umging. Ihre unermüdlichen Anstrengungen um sicherzustellen, dass Sterbende mit Mitgefühl und würdevoll behandelt werden, sind nun in der Pflege von Sterbenden zum Standard geworden. Dr. Kübler-Ross hat der Welt beigebracht, dass es beim Sterben eigentlich um das Leben geht, und dass unsere Arbeit hier darin besteht zu lernen, wie man bedingungslos liebt.

[3] Dr. Elisabeth Kübler-Ross: *Living with Death and Dying*, New York Macmillan, 1981, S.16

Stress

Wir sollten uns bewusst sein, dass Krankheit
und Tod extrem stressbeladen sind. Vieles
was geschieht, ist unvorhersagbar und unge-
wohnt. Wir verbinden normalerweise Stress
mit Aktivität. Deshalb erkennen wir nicht
den Stress bei jemandem, der einfach im Bett
liegt. Bei den meisten Menschen bringt Stress
ihre schlechtesten Seiten zum Vorschein – das
gilt nicht nur für die Sterbenden, sondern
auch für die, die sich um sie kümmern sowie
ihnen Nahestehende. Wenn wir aus diesem
Blickwinkel schauen und uns fragen: „Was
hilft mir besser mit dem Stress umzugehen?",
kann das sehr hilfreich sein, besonders wenn

wir die Fähigkeit, mit Stress umzugehen auch in unseren Alltag integrieren.

Jedoch reagiert nicht jeder auf Krankheit mit Stress. Manche Menschen werden durch ihre Krankheit langsamer und beginnen, vieles in ihrem Leben neu wertzuschätzen. Sie empfinden eine enorme Dankbarkeit gegenüber den Menschen und Dingen, die sie glücklich machen. Wie bei den meisten Lebenserfahrungen können viele verschiedene Reaktionen ausgelöst werden.

Bei der Begleitung eines Menschen mit einer schweren Krankheit kommen wir höchst wahrscheinlich an einen Punkt, an dem wir Machtlosigkeit und Kontrollverlust verspüren. Wir mögen uns noch so sehr wünschen, dass die Dinge anders verlaufen, egal wie sehr wir die Person lieben, wir können nicht ändern, durch was dieser Mensch geht. Es ist normal, dass wir uns zeitweise hilflos und machtlos fühlen – tatsächlich sind wir es wirklich.

Unsere eigene Machtlosigkeit zu akzeptieren und unsere Kontrolle aufzugeben, sind wichtige Schritte zur spirituellen Reife. Idealerweise versuchen wir zu lernen, wie man sich mit Anmut und dem richtigen Verständnis dem Leben ergibt – ein Prozess, den man ‚akzeptieren, wie das Leben sich als Gottes Wille entfaltet' oder ‚Vertrauen in eine höhere Kraft' nennen könnte.

Viele Krankheiten sind degenerativ, der Zustand des Körpers wird schleichend und graduell über Jahre hinweg immer schlechter. Diese fortschreitenden Erkrankungen sind sehr schmerzhaft, und die Patienten brauchen oft Langzeitpflege. Die Themen, die in diesem Buch diskutiert werden – Stress, Verlust, Hoffnung, usw. – treffen nicht nur auf Menschen zu, die die Diagnose einer unheilbaren Erkrankung erhalten haben, sondern auch auf jene mit chronischen Krankheiten.

Wenn jemand für einen anderen Menschen sorgt, der schwer krank ist oder stirbt, ist es normal für den Pflegenden oder Freund, dass auch er Stress, Erschöpfung, Verwirrung, Ärger und Trauer verspürt. Sei tolerant mit dir selbst, deine Fürsorge und Anwesenheit sind unbezahlbare Geschenke.

Verlust

„Spirituelle Verwirklichung ist die Fähigkeit, allen Wesen gegenüber fürsorglich zu sein, durch das dritte Auge zu schauen, während du deine anderen beiden Augen weit offen hältst. Die Erfüllung von Spiritualität ist die Fähigkeit, andere so zu akzeptieren und zu verstehen, wie sie sind.“

– Amma

Der unter einer unheilbaren Krankheit leidende Patient ist in der verwundbarsten Situation seines ganzen Lebens. Es gibt vieles, was wir berücksichtigen müssen, um sensibler zu sein für das, was wirklich bei einer Person, die mit Krankheit oder Tod konfrontiert ist, geschieht.

Beim Tod verliert dieses Wesen, das wir mit ‚Ich' bezeichnen, alles. Du magst einen Menschen verlieren, den du geliebt hast, aber der Sterbende verliert alle, die er liebte und alles, was er liebte. Dieser Prozess beginnt zur Zeit der Diagnose. Alles verändert sich, vor allem auch das Verhältnis des Menschen gegenüber seinem Körper und dessen Funktionen. Oft entsteht das Gefühl, dass man vom eigenen Körper betrogen worden sei.

Sobald ein Mensch ins Krankenhaus kommt, gibt es riesige Veränderungen in seinem Leben. Wenn wir Sterbende besuchen, müssen wir uns dessen bewusst sein. Gesunde Menschen leben in ihrem Haus, in dem sie sich wohl fühlen. Sie essen, was sie mögen und wann sie es mögen. Sie können auswählen. Sie spielen ihre verschiedenen Rollen durch den Tag hindurch und erhalten Aufmerksamkeit. Sie haben Kontakt mit Menschen auf verschiedenen Ebenen. Sie erleben Vertrautheit mit ihrer Familie oder ihrem Partner. Sie verbringen ihre Freizeit, wie sie wollen.

Wenn jemand in ein Krankenhaus eingewiesen wird, findet er sich plötzlich in einem meist sehr ungemütlichen Bett mit kratzigen Bettlaken vor – und muss zehn Stunden am Tag schlechte Kunstwerke an der Wand anstarren. Die Krankenhauskleidung passt nicht richtig, vor allem bedeckt sie nicht den Po. Niemand klopft zuerst an, niemand fragt, ob es eine gute Zeit für einen Besuch sei. Krankenpfleger und Ärzte, Raumpfleger und servierendes Personal kommen Tag und Nacht ins Zimmer. Der Patient ist nicht nur getrennt von Familie und Bekannten, sondern hat obendrein absolut keine Privatsphäre.

Eine andere große Veränderung für den Patienten ist, dass sein Körper nicht mehr ihm gehört. Menschen untersuchen ihn und schieben ihn umher, fügen ihm Schmerzen zu, entblößen ihn und starren ihn an. Der Körper wird gestört in einer Art und Weise, wie sich nie jemand trauen würde ihn zu berühren oder zu betrachten außerhalb des Zusammenhangs von Krankheit. Der Körper wird ein Objekt, das es zu untersuchen und zu heilen gilt. Der Mensch darin darf getrost vergessen werden.

Wie Menschen sich selbst und dementsprechend die Welt sehen, wandelt sich mit der Krankheit. Dieser Körper, mit dem wir uns so identifizieren, sieht nicht mehr gleich aus, fühlt sich anders an und bewegt sich anders. Manchen Menschen gehen die Haare aus, sie verlieren Gewicht oder sogar ein Organ oder Gliedmaß. Wenn ihre Identität auf ihrem Aussehen beruht, rufen solche Veränderungen Kummer und Angst hervor.

Eine unheilbare Krankheit verändert sofort jede Beziehung zu anderen. Menschen verhalten sich einem Sterbenden gegenüber nicht mehr wie zuvor. Offen reden, aufrichtig und behaglich und besonders diskutieren und anderer Meinung sein sind Dinge der Vergangenheit. Die Teilnahme am Leben ist drastisch reduziert. Hinzu kommt das Treffen von Entscheidungen über mögliche Behandlungen unter Berücksichtigung der Nebenwirkungen. Und dann ist da eine starke Angst vor dem Unbekannten – der erschreckende Gedanke, dass das Leben vielleicht nie mehr zu seinem vorherigen gesunden Zustand zurückkehrt.

So kann ein Mensch über Nacht von einem sehr vollen und aktiven Leben in Isolation, Verängstigung und Einsamkeit verfallen. Wenn wir das im Hinterkopf behalten, wird es uns helfen, sensibler und einfühlsamer mit den uns Nahestehenden zu sein.

Unterschiede zwischen Frauen und Männern

„Frauen und Männer sind nicht zwei, sondern eins. Sie sind zwei Aspekte der einen Wahrheit – wie zwei Seiten einer Münze. Was Frauen nicht tun können, können Männer. Was Männer nicht tun können, können Frauen. Ihre Dharmas (Aufgaben) ergänzen sich." [4]

– Amma

Weil Frauen und Männer unterschiedliche Wege im Leben gehen, kommen auch

---

[4] Mata Amritanandamayi: *Das unendliche Potenzial der Frauen* (Rede von Jaipur), Kerala, Indien; Mata Amritanandamayi Mission Trust, 2008

unterschiedliche Themen auf bei der Konfrontation mit einer unheilbaren Krankheit. Ich möchte Frauen und Männer nicht kategorisieren. Ich gehe auf dieses Thema ein, weil die Ungleichheit bei meiner Begleitung von Menschen so auffallend war.

Als ich begann, Patienten zu besuchen, war ich mir keiner Unterschiede bewusst. Nach ein paar Monaten war ich überrascht, bei fast allen meinen Patienten typische Muster zu finden.

Frauen wechseln bei einer Krebsdiagnose im Allgemeinen ihre Rolle von ‚Fürsorge geben‘ zu ‚um Hilfe bitten müssen‘. Viele Frauen sind es nicht gewohnt, um Hilfe zu bitten. Sie bekommen, indem sie ihre Bedürfnisse aussprechen, das Gefühl, den Nahestehenden zur Last zu fallen. Männer leiden oft darunter, dass sie nicht mehr arbeiten und so ihre Familie unterstützen können.

Als ich mir dieser spezifischen Themen, die bei Männern und Frauen vorkommen können,

bewusster wurde, war es mir möglich noch
sensibler auf die jeweilige Situation einzuge-
hen; meine Besuche wurden fruchtbarer.

Das folgende Gespräch zwischen einem
Besucher und einer Patientin ist ein Beispiel.
Dieser Dialog bietet uns Einblick in einige
der Themen, mit denen sich Frauen oft konfrontiert sehen: Die Veränderung der Rollen,
um Hilfe bitten, der Familie zur Last fallen,
die Angehörigen schützen wollen und die Ver-
trauten vermissen. Dies ist keine Formel. Es
gibt keine perfekten Fragen oder Antworten.

Dialog Nr. 1 – Wechseln der Rollen
(Patientin)
Besucher: Wie geht es Ihnen?
(Die Patientin beginnt sofort zu weinen.
Der Besucher erlaubt ihr, eine Weile zu
weinen. Schließlich bittet die Patientin
um einen Waschlappen, den ihr der
Besucher reicht.)

Besucher: Wissen Sie, woher die Tränen kommen?

Patientin: Ja, ich bin überwältigt, vermute ich. Ich habe soviel Glück. Die Operation ist perfekt verlaufen. Aber, mein Mann und meine Familie... (Sie beginnt stärker zu weinen.) Es war so hart für sie. Mein Mann hat eine so schwierige Zeit. Er muss sich um die Kinder kümmern und dennoch zur Arbeit gehen. Ich weiß, er sorgt sich wegen des Geldes.

Besucher: Ich kann an Ihren Tränen ablesen, dass dies eine wirklich schwierige Zeit für Sie gewesen ist. Es klingt so, als haben sich bei Ihnen beiden die Rollen verändert. Sie müssen es sehr vermissen, sich um alle zu kümmern.

Patientin: Ja, ich spüre, bei Ihnen kann ich weinen, weil ich mich sicher fühle. Ihm kann ich es nicht antun, dass er sieht, wie ich die Fassung verliere. Das würde seinen Stress noch vermehren.

Wir können sehen, dass der Besucher auf das eingeht, was im Moment geschieht – er erlaubt der Patientin, ihre Ängste und Gefühle zum Ausdruck zu bringen. Die Themen, die sie zur Sprache bringt, sind sehr kraftvoll und eindeutig wichtig für sie: Geld, Familie, Stress, physische Krankheit und Abhängigsein von anderen.

Der nächste Dialog spricht Themen an, die mehr bei Männern vorkommen.
Dialog Nr. 2 – Versorgungsprobleme (männlicher Patient)
Besucher: Wie hat sich dein Leben verändert seit deiner Diagnose vor vier Monaten?
Patient: Nun, als ich wirklich krank wurde, musste ich aufhören zu arbeiten. Meine Frau, Claire, hat mich immer

begleitet. Und nun muss sie sehr viel arbeiten.

Besucher: Und du bist nun oft alleine?

Patient: Ja, das bin ich.

Besucher: Wie ist das für dich?

Patient: Ein wenig hart. Mit dem Geschäft, weißt du, ich kann nichts heben.

Besucher: Du vermisst die Arbeit.

Patient: Ja, ich weiß nicht recht, was ich tun kann.

Besucher: Ich vermute, dass das ziemlich isolierend für dich ist.

Patient: Genau, du hast recht, das ist es.

Besucher: Wie ist es für dich, dass Claire nun so hart arbeiten muss?

Patient: Das ist heftig. Ich bin neidisch.

Auf das Einkommen seiner Frau angewiesen zu sein und die eigene Hilflosigkeit sind eine Herausforderung an das Bild, das der Patient von sich selbst hat. Das bringt Stress, zusätzlich zur Konfrontation mit der Krankheit. Dieser Patient fühlt sich nicht schuldig, dass seine Frau mehr arbeiten muss – er ist neidisch. Männer übernehmen allgemein mehr die Rolle des Versorgers im Haushalt und identifizieren sich möglicherweise mehr mit der Arbeit, der sie außerhalb des Hauses nachgehen. Wenn sie nicht arbeiten können aufgrund von Krankheit, erkennen sie sich nicht wieder und fühlen sich manchmal nutzlos. Diese tiefgründigen Gefühle führen oft zu einer Depression. Während Männer im Allgemeinen dieses Erleben haben, kommt es bei Frauen aufgrund der Verschiebung der Rollen im Haushalt zu ähnlichen Emotionen.

Uns dieser Themen bewusster zu werden, bereitet uns auf unsere Besuche vor und auf was auch immer die Person an Gefühlen erlebt. Hier ist ein anderer Dialog mit einem Patienten, mit genau diesen Themen als auch dem Wunsch zu sterben.

Dialog Nr. 3 – Versorgungsprobleme (männlicher Patient)

Besucher: Hallo John! Wie geht es dir?

Patient: Gut.

Besucher: Bist du hier für eine Behandlung?

Patient: Ich bekomme Bestrahlung. Ich habe den Arzt gefragt, ob ich einfach gehen dürfe und er sagte: „Nein."

Besucher: Möchtest du nach Hause?

Patient: Nein, ich will begraben werden.

Besucher: Hast du genug?

Patient: Ja, ich hasse es, einfach im Bett zu liegen. Die letzten 15 Monate bin ich krank gewesen, zuerst war es in den Lungen, jetzt im Gehirn. Selbst zu Hause muss ich im Bett bleiben. Meine beiden Söhne aus Arizona sind hier. Ich habe ihnen gesagt, sie sollen nach Hause gehen.

Besucher: Das klingt, als würdest du dich in einer wirklich schwierigen Situation befinden.

Patient: Ja, ich möchte einfach einschlafen, eine Injektion bekommen und einschlafen. Aber meine Frau, sie sagt „Nein."

Besucher: Ist das schwierig, dass sie da anderer Meinung ist?

Patient: Etwas. Sie glaubt daran, dass Gott uns holt, wann er will.

Besucher: Und du siehst das anders?

Patient: Gut, nein. Ich möchte einfach schlafen. Es macht für mich keinen Sinn, immer nur so herumzuliegen und nur die anderen zu beobachten, die vorbeigehen – und ich kann nicht gehen.

Besucher: Fühlst du dich nutzlos, weil du keine Leistung mehr erbringen kannst?

Patient: Ich habe mein ganzes Leben gearbeitet, ich bin überall im Land herumgereist… ich weiß nicht.

Besucher: Es klingt, als seist du sehr aktiv gewesen und nun hat sich alles gewendet.

(Schweigen.)

Besucher: Fühlst du Frieden im Bezug auf dein Sterben?

Patient: *(Zögert)* Ja, aber meine Frau ist noch nicht bereit. Sie meint, ich müsse warten, bis ich gerufen werde. Ich bin all dies einfach leid.

Manchmal fühlt sich der Patient bereit und will sterben, vielleicht aufgrund von starken chronischen Schmerzen oder weil er sich, wie in diesem Dialog, nutzlos fühlt. Familienmitglieder und Freunde haben vielleicht andere Vorstellungen und dieser Konflikt ruft leicht ein Gefühl der Trennung oder Einsamkeit beim Patienten hervor. Diese Gefühle können noch verstärkt werden in der Gegenwart von medizinischem Personal, da dieses alles dafür tut, den Patienten am Leben zu erhalten. In solchen Fällen müssen wir einfühlsam mit den Gefühlen des Patienten umgehen. Wenn wir selbst Mühe haben, den Patienten bei diesen Themen zu unterstützen, ist es hilfreich diese Gefühle mit einem Freund oder Therapeuten zu besprechen.

Stadien des Verlustes

Die ,Stadien des Verlustes' nach Dr. Elisabeth Kübler-Ross gehören zum Sterbeprozess: Zorn und Ärger, Nicht wahrhaben wollen und Isolierung, Verhandeln, Depression, und Zustimmung[5]. Von dem Moment der Diagnose an ist eines dieser Stadien normalerweise aktiv, bei den Sterbenden als auch den ihnen Nahestehenden. Ich erinnere mich, dass ich einmal durch alle fünf Stadien innerhalb eines Tages gegangen bin.

In meinem zweiten Jahr als Seelsorgerin betrat ich den Raum von Alex, einem achtzehnjährigen Mädchen, das in einem verzweifelten

---

[5] Dr. Elisabeth Kübler-Ross: *Living with Death and Dying*, New York Macmillan, 1981

Wettlauf mit der Zeit auf den Spender für eine Lungentransplantation wartete. Wir mochten uns spontan. Ich verbrachte drei Stunden mit ihr. Wir diskutierten darüber, was geschieht, wenn wir sterben, ob Selbstmord je gerechtfertigt ist, über ihre Ängste, ihr Gefühl der Isolation, über ihre Familie und auch über Dinge, die eine Achtzehnjährige beschäftigen (zum Beispiel, warum ihr Freund nicht anruft). Sie vertraute mir auch an, auf welchen Wegen sie versucht hat, mit ihrer Krankheit klarzukommen. Zum Beispiel, wenn sie zu müde wurde, um mit ihren Freunden Schritt zu halten, wenn sie durch das Einkaufszentrum gingen, erfand sie Gründe, um stehenzubleiben, so dass sie zu Atem kommen konnte, wie: „Oh, schau dieses Hemd! Schaut euch diese Schuhe an!"

Ihre Offenheit war bemerkenswert. Natürlich waren wir uns in den drei Stunden nahe gekommen. Ich war berührt von ihrer Stärke und ihrem Mut. Wenn sie erzählte, begann sie manchmal zu husten und bekam keine Luft mehr – sie begann sich blau zu verfärben. An einem Punkt musste sie vorübergehend an ein Atemgerät angeschlossen werden. Als ich dies mitbekam, brach mir das Herz und ich fühlte mich machtlos.

Ich war emotional sehr aufgewühlt nach diesem Besuch. Auf der Heimfahrt begann ich zu Gott zu beten. Ich wurde mir vieler starker Gefühle, die in mir auftauchten, bewusst – Ärger, Verwirrung und Traurigkeit. Ich fühlte mich auch depressiv und hilflos. Bei dem Versuch, eine Lösung zu finden, begann ich zu verhandeln, ich fragte mich sogar, ob es möglich wäre, dass ich ihr eine Lunge spendete. Meine Gedanken schwirrten umher.

Die ganze Nacht warf ich mich unruhig hin und her und ging durch all diese Stadien des Verlustes. Am nächsten Morgen kam ich nach meiner Meditation in einen Zustand größerer Klarheit und Akzeptanz. Als ich aber

Alex besuchen wollte, war sie nicht im Raum. Ich dachte, sie sei gestorben. Tränen sprangen mir in die Augen. Ich fragte die Krankenschwester, die mir mitteilte, dass sie gerade operiert würde. Jemand war gestorben, und die Lungen waren von einem Hubschrauber mitten in der Nacht gebracht worden.

In dieser Situation war ich nur eine Bekannte, dennoch kann man sehen, wie kraftvoll und vollständig ich diese Stadien des Verlustes erlebt habe. Man kann sich kaum ausmalen, durch was da erst ein Sterbender hindurchgehen muss.

Diese Stadien können in beliebiger Reihenfolge auftreten und sie können eine Minute, einen Tag oder ein Jahr dauern. Es gibt kein einheitliches Schema. Aber wir sollten uns daran erinnern, dass diese Stadien natürlich sind und normal für den Sterbenden und die, die sich ihm nahe fühlen. Wenn du einen sterbenden Freund besuchst und er beschwert

sich über das Essen, die Unfähigkeit der Krankenschwester – oder kritisiert sogar dich -,
versuche dich einfach daran zu erinnern, dass
Ärger eines der Stadien ist und dass dies die
Form ist, wie sich der Ärger in diesem Moment
zeigt. Nimm es nicht persönlich und versuche,
nicht darauf zu reagieren oder es zu verurteilen.

Nicht-wahrhaben-wollen ist ein sehr kom-
plexer Zustand des Denkens, der oft für den
Sterbenden und die, die ihm sehr nahe stehen,
eine Rolle spielt. Wir meinen leicht, dass es
gesünder wäre, wenn der sterbende Mensch
den herannahenden Tod annehmen und sich
damit befassen würde.

Oft beeinflusst das Nicht-wahrhaben-
wollen die Angehörigen, vor allem die Kinder. Diese Unfähigkeit, den eigenen Tod zu
akzeptieren scheint auch sie zu ermutigen,
den herannahenden Tod nicht wahrhaben zu
wollen. Manche Menschen sind nie bereit, über
ihren Tod zu reden. Sie sterben, ohne je über

das Thema gesprochen zu haben. Das bedeutet jedoch nicht unbedingt, dass sie das Sterben nicht wahrhaben wollten.

Manchmal versuchen Schwerkranke auf Biegen und Brechen, ihre Kinder oder Ehepartner vor den Tatsachen oder auch vor ihrem, die Krankheit spiegelnden Aussehen zu ‚schützen'. Sie haben das Recht zu entscheiden, wie sie mit ihrer Krankheit und ihrem Sterben umgehen wollen. Selbst wenn uns ihre Wege psychologisch ungesund oder verdrängend erscheinen für sie selbst und eventuell sehr traumatisierend für ‚geschonte' Kinder, die dann plötzlich keine Mutter mehr haben: Es ist nicht an uns zu bewerten – wenn die Reihe an uns ist, können wir tun, was wir für richtig halten.

Gelegentlich scheint das Nicht-wahrhaben-wollen eine lange Zeit anzuhalten, wenn Menschen hören, dass ihr Ehepartner oder ein Kind unheilbar krank ist. Die Versuchung ist groß, sie in unsere Version der Realität zu ziehen. Es kann wirklich die Geduld sehr auf die Probe stellen, wenn wir bei jemandem sitzen und anhören müssen, wie sich derjenige weigert zu sehen, dass der geliebte Mensch krank ist, vor allem wenn dieses Nicht-wahrhaben-wollen Tage, Wochen oder sogar Monate anhält.

Die Art der Hilfe, die wir in dieser Zeit anbieten, sollte nicht zielorientiert sein. Es geht nicht um ein Problem, das es zu lösen gilt. Wenn wir von Natur aus Problemlöser sind, müssen wir unsere Denkweisen der Situation anpassen und begreifen, dass das, was jetzt gebraucht wird, mehr mit ,Sein' und weniger mit ,Machen' zu tun hat. Einfach gegenwärtig sein, durch die Verwirrung und den Schmerz des anderen hindurch, ist am hilfreichsten für sie.

Die zu Grunde liegende Wahrheit, die oft übersehen wird, ist, dass niemand wirklich weiß, wann jemand sterben wird. Wir mögen meinen, dass jemand die Situation nicht wahrhaben will, aber vielleicht ist er einfach im Zustand von ‚nicht wissen', was in der Tat näher an der Wahrheit ist. Die Krankheit kann in Remission gehen, Wunder können geschehen oder eine Krankheit kann sich über Jahre hinziehen. Wir können nie sicher sein, auch wenn es so aussieht, als würde ein Patient bald sterben.

Meine Freundin erzählte mir Folgendes:

„Ich hatte eine Freundin, deren Vater im Krankenhaus war und es schien, als würde er sterben. Aber dann hatte ihre Mutter plötzlich einen Herzinfarkt, absolut unerwartet, und starb sehr schnell, während ihr Vater sich erholte."

Der Besuch

„Menschen wollen für immer leben. Niemand möchte sterben. Der Gedanke, dass nach unserem Tod die Welt ohne uns weiterbesteht, erschreckt uns. Die Welt wird ohne dich fortfahren zu bestehen und du wirst alles verlieren, was dir lieb ist: Dein Haus, deine Freunde, deine Frau, deine Kinder, die Blumen im Garten und ihren Duft. Weil der Tod die größte Bedrohung, die größte Angst, der größte Schlag für das Ego ist, versuchen die Menschen fortwährend, diese Gedanken zu unterdrücken und diese Angst zu vergessen, indem sie den Genüssen der Welt hinterherlaufen."

– Amma

Das Betreten des Krankenzimmers

Stell dir vor, wir seien auf dem Weg zu einer Person, die die Diagnose einer schweren Krankheit erhalten hat. Bevor wir den Raum betreten, nehmen wir ein paar tiefe Atemzüge und zentrieren uns.

Wenn wir bei einem Kranken oder Sterbenden sind, verbinden sich zwei Herzen und ein heiliger Raum öffnet sich. Es ist am hilfreichsten, wenn wir dabei gut geerdet, einfühlsam und offen sind. In dieser Atmosphäre haben wir die Gelegenheit, vieles über uns selbst zu lernen: Der sterbende Patient wird oft zum Spiegel, der unsere eigene Angst vor Verlust, Traurigkeit, Negativität und unser

Kontrollbedürfnis reflektiert. Wir können uns dann unsere Reaktionen genau anschauen und uns selbst z.B. fragen: „Was ist geschehen, das den Wunsch in mir erweckte, schreiend aus dem Raum zu laufen?"

Man sagt 93% aller Kommunikation sei nonverbal. Wie wir einen Raum betreten, wie wir sitzen und wie wir uns auf die Person beziehen, ist in der Tat wichtiger, als was wir sagen. Welche Botschaft vermitteln wir, wenn wir drei Meter vom Kranken entfernt sitzen, auf der anderen Seite des Raumes, mit dem Stuhl möglichst nahe an der Türe? Was sagt es diesem Menschen, wenn wir keinen Augenkontakt aufnehmen oder ständig nur aus dem Fenster schauen?

Selbst wenn es sich nur um eine Bekannte oder einen Bekannten handelt, habe keine Bedenken, den Stuhl direkt an das Bett zu ziehen. Wenn du dich dabei wohlfühlst und es kein Problem ist (zum Beispiel, falls dort nicht eine Infusion gelegt ist), berühre sanft ihre oder seine Hand. In einem Krankenhaus werden die Patienten meist nicht liebevoll berührt. Sie werden umher geschoben und untersucht und gestochen, aber nicht gehalten oder gestreichelt.

Die Art und Weise, wie Amma ihren *Darshan* gibt, zeigt uns, wie wichtig Berührung ist. Aus Sorge um Ammas Gesundheit haben schon viele Anhänger Amma gebeten, diese Methode zu ändern und die Menschen nur segnend am Kopf zu berühren, aber Amma weigert sich, auch wenn es auf Kosten ihres eigenen Wohlbefindens geht. Sie weiß, dass die enge Umarmung eine lang anhaltende Wirkung ausübt auf die, die für diese intensive Segnung zu ihr kommen.

Wir sollten nie die nährende und heilende Kraft unserer eigenen Berührung gering schätzen, vor allem, wenn wir mit Menschen arbeiten, die im Sterben liegen. Wir können den Patienten sehr einfach fragen: „Ist es okay, wenn ich deine Hand halte?" oder: „Magst du es, wenn ich dir die Füße einreibe?"

An einem Punkt unserer Besuche werden wir wahrscheinlich das Bedürfnis verspüren, etwas für die Person, die wir besuchen, zu tun. Dieser Impuls ist absolut natürlich und normal. Es gibt kleine Dinge, die man tun kann, um es dem Patienten etwas angenehmer zu machen. Natürlich sollten wir immer fragen, bevor wir etwas tun; hier einige Vorschläge: Die Kissen aufschütteln, einen Schluck Wasser reichen (wenn gerade passend – evtl. musst du die Krankenpfleger fragen) oder Mundpflege geben, wie die Lippen mit einem Schwamm befeuchten, der Person etwas vorlesen, einen kalten Lappen für die Stirn anreichen, usw.

Falls der Patient zuhause liegt und dort Hospizpflege bekommt, können wir den pflegenden Angehörigen helfen, indem wir eine Mahlzeit bringen oder ihnen z.B. das

Geschirrabwaschen abnehmen. Wir können auch den mit der Fürsorge Betrauten fragen, was sie brauchten. Solch kleine Dienste geben uns das Gefühl, nützlich zu sein und sie werden oft hoch geschätzt.

Um den heißen Brei herumreden

Wenn wir einen Sterbenden besuchen, haben wir vielleicht das Gefühl, wir seien alleine mit ihr oder ihm im Raum. Aber in der Tat ist da etwas Drittes anwesend – der heiße Brei, das Thema Krankheit. Viele Male war ich Zeuge, wenn Freunde und Familienmitglieder zum ersten Mal am Krankenbett ihres Freundes oder Verwandten standen. Sie reden über das Wetter, aktuelle Nachrichten und Sport und sprechen nie das Tabuthema an: Warum die Person im Krankenhaus liegt. Habe keine Hemmungen, das anzusprechen.

Es gibt verschiedene Möglichkeiten, was wir sagen können: „Papa, wir haben nie über den Tod gesprochen. Was glaubst du diesbezüglich?" Oder „Maria, welche Gedanken und Gefühle kommen dir, seit du die Diagnose bekommen hast?" Wenn das zu konfrontierend erscheint, können wir einfach einen Stuhl ans Bett ziehen, dem Menschen in die Augen schauen und fragen: „Wie geht es dir mit alldem?" Diese einfache Frage signalisiert dem Kranken, dass wir bereit sind, mit ihm auf eine Ebene zu gehen, die emotional schwierig ist. Wenn dann die Person im Gegenzug beginnt über das Wetter zu reden, ist das in Ordnung – das ist ihr Vorrecht. Vielleicht wird sich die Person morgen daran erinnern, dass wir bereit sind, über Empfindungen und Gefühle zu reden. Wenigstens haben wir die Bereitschaft signalisiert.

Der Sterbende mag uns auch testen, um zu sehen, wie viel Mut wir haben und ob wir wirklich jemand sind, dem er seine Gefühle anvertrauen kann. Es sieht manchmal so aus, als sei der Patient sehr ärgerlich und uns feindlich gesinnt – vielleicht macht er uns für seine Situation verantwortlich, zum Beispiel dafür, dass er ins Krankenhaus kam. Ich hatte eine solche Erfahrung, und als ich am nächsten Tag wiederkam, sagte der Patient zu mir: „So, habe ich Sie doch nicht vergrault. Ich war sicher, Sie würden nicht wiederkommen."

Manchmal können wir in Verlegenheit geraten und nicht die leiseste Vorstellung haben, was die Person gerade erlebt. In solchen Fällen mag es hilfreich sein, einen offenen Dialog einzuleiten, um diese Gefühle zur Sprache zu bringen, zu sagen: „Ich kann mir einfach nicht vorstellen, durch was du gerade hindurchgehst. Kannst du es beschreiben?"

Der unsichtbare Patient

„Auch wenn ein Objekt direkt vor uns ist werden wir es nicht sehen, wenn unsere Sinne nicht dort sind. Es wird gesagt: ‚Es ist nicht genug, dass ihr Augen habt, ihr müsst sehen.'"

— Amma

Manchmal habe ich das Gefühl, dass Patienten schreien wollen: „Schaut mich an! Hört mich an! Versteht mich!" Ich habe viele Ärzte, Krankenpfleger, servierendes Personal usw. gesehen, die die Patienten praktisch ignorieren. Es ist möglich, dass dies geschieht, weil es für jeden schwierig ist, einen anderen Menschen in Schmerzen zu sehen. Natürlich ist das umso schwerer, wenn es eine Person ist, die wir lieben. Dies ist dann wirklich eine der größten Herausforderungen, der wir begegnen können. Wenn wir bemerken, dass wir die Person ignorieren, weil wir Angst verspüren oder uns unwohl fühlen, sollten wir sofort innehalten und unsere Aufmerksamkeit wieder ihr oder ihm zuwenden. Wir können sogar sagen: „Manchmal ist es schwer für mich mit anzusehen, wenn du Schmerzen hast."

Nach den meisten meiner Besuche war ich mir der Isoliertheit und Einsamkeit, die so viele Patienten erleben, überaus bewusst. Manche Familienmitglieder können emotional einfach nicht ‚da sein' für sie, oder, wie wir es gerade besprochen haben, die Patienten werden unsichtbar – ihnen wird nicht zugehört und sie werden vom medizinischen Personal, das sich um sie kümmert, nicht gesehen.

Einmal habe ich Brian besucht, einen Jugendlichen, der komplett gelähmt war aufgrund eines Motorradunfalls. Es war kurz vor seiner Operation und seine Eltern waren bei ihm. Die Krankenschwester kam herein und sprach nur mit seiner Mutter, wortwörtlich über seinen gelähmt daliegenden Körper hinweg. Nachdem sie den Raum verlassen hatte, sagte Brian zu seiner Mutter: „Nächstes Mal, wenn eine Krankenschwester kommt, will ich, dass sie direkt mit mir spricht. Hilfst du mir dabei?" Dies war ein großartiges Beispiel von klarer, aufrichtiger Kommunikation und um Hilfe bitten.

Ich habe nur rund eine Stunde mit Brian verbracht, aber es entwickelte sich eine tiefe Verbundenheit. Ich konnte mich gut in ihn einfühlen, weil ich auch bei einem Autounfall verletzt wurde, als ich jung war. Ich war für eine Zeit gelähmt gewesen und musste mich einer sehr ernsthaften Operation unterziehen.

Ich erhielt den Anruf, zu diesem Jungen zu kommen in dem Moment, als meine Schicht gerade zu Ende und ich am Gehen war. Das

Telefon klingelte und aus irgendeinem Grund drehte ich mich noch einmal um und nahm den Hörer ab. Die Krankenschwester sagte, sie wisse eigentlich nicht, warum sie mich anrufe, sie habe einfach das Gefühl, dieser Junge brauche jemand zum Reden. Als ich sie dann traf und sie mir seine Situation erklärte, erzählte ich ihr, dass ich fünfzehn Jahre zuvor auch einen Unfall hatte, nach dem ich gelähmt war und operiert wurde. Sie begann zu weinen, berührt von diesem 'Zufall', aber ich wusste, dass eine unsichtbare Hand mich zu diesem Jungen leitete, weil ich mich in seine Situation einfühlen konnte.

Normalerweise ist es besser, wenn wir nicht über uns selbst sprechen, wenn wir jemanden besuchen, der unsere Fürsorge und Aufmerksamkeit braucht. Jedoch, wenn wir eine ähnliche Erfahrung hatten, kann es hilfreich sein, dies am Anfang kurz anzusprechen. Du wirst erstaunt sein über die Veränderung in einem

anderen Menschen, wenn wir so Bezug nehmen können auf seine Situation. Brian schaute
mich plötzlich an, als sei ich die Einzige, die
seine ganze Qual verstehen konnte.

Falls du dich in einer ähnlichen Situation
befindest, ist es wichtig, die Ängste des Menschen nicht zu übergehen oder sie mit leeren
Worten abzufertigen, wie: „Es wird dir wieder
gut gehen, wie mir auch." Erinnere dich, wie es
für dich war – erschreckend oder einsam, usw.
-, als du durch diese schwierige Phase gingst.
Höre zu und fahre fort, den Menschen in
jedem Moment aufmerksam zu unterstützen.

Durch diese Art des Anwesendseins, wenn
Patienten daran erinnert werden, dass sie nicht
die Einzigen sind, die durch diese Erfahrung
gehen, bekommen sie das Gefühl, verstanden
und unterstützt zu werden.

Im Allgemeinen wirst du, wenn du in
deinem Leben selbst körperlich oder psychisch
gelitten hast, größeres Einfühlungsvermögen

und Mitgefühl für andere aufbringen. Wir bringen unsere eigenen Erfahrungen mit ans Krankenbett und es sind die harten Zeiten, die Zeiten in denen wir gelitten haben, die uns darauf vorbereiten, mit Menschen zu sein, die verängstigt sind oder Schmerz erleiden.

Amma sagt uns: „Nur ein Mensch, der gehungert hat, versteht den nagenden Hunger eines anderen. Nur eine Person, die eine schwere Last getragen hat, wird die Anstrengung vom Tragen schwerer Lasten verstehen. Wenn jeder von uns es wirklich wollte, könnten wir einen großen Unterschied in der Welt erzeugen. Der Verdienst aller guten Handlungen, die einer selbstlosen Haltung entspringen, wird auf jeden Fall auf uns zurückkommen."

Zuhören

„Wahres Zuhören geschieht nur, wo Liebe ist."

— Amma

Wenn wir es leid sind, über das Wetter oder die neusten Nachrichten zu reden und wir auf eine tiefere, persönliche Ebene kommen wollen – nur nicht wissen wie – dann gibt es ein oder zwei hilfreiche Fragen. Zum Beispiel könnten wir eine Frau, die schon seit einer langen Zeit im Krankenhaus liegt, fragen, was sie am meisten vermisst von ihrem ‚normalen' Leben. Ihre Antwort zeigt uns, an welchem Punkt sie im Moment steht. Ihre Antwort mag dich überraschen. Wir gehen vielleicht davon aus, dass sie antwortet, sie vermisse Mann und

Kinder, aber es kann gut sein, dass sie sagt, sie vermisse das Gärtnern. Eine andere Frage könnte sein: „Was hast du über dich selbst gelernt in diesen letzten vier Monaten seit der Diagnose?" Diese Frage kann den Patienten von einem oberflächlichen Dialog zu einem mehr von Einsichten geprägten führen, ohne zu persönlich zu werden.

Jedes alltägliche Thema, das von einem Sterbenden angesprochen wird, kann plötzlich eine tiefere Bedeutung erlangen. Zum Beispiel mag ein ehemaliger Athlet, der nun durch Krankheit eingeschränkt ist, ein Thema ansprechen, das mit Sport zu tun hat. Dies mag als Einladung dienen, über einen Verlust in seinem Leben zu reden, nicht nur, um ein oberflächliches Gespräch zu eröffnen. Wenn wir nicht sehr Acht geben, können wir leicht solche Gelegenheiten zu einer tieferen Verbindung verpassen.

Das Verlangen, anderen zu helfen, entspringt einem sehr reinen Ort in jedem von uns. Aber im Endeffekt können wir niemandem helfen, dem Tod ins Auge zu schauen, solange wir nicht selbst die Angst vor dem Sterben überwunden haben. Und wer von uns hat schon seine Angst vor dem Tod vollständig überwunden? Deshalb ist das Beste, was die meisten von uns tun können, dass wir einfach bei jemandem sitzen und versuchen ihn wirklich anzuhören, ohne Bewertung und ohne seinen Prozess in irgendeiner Weise verändern zu wollen. Das ist etwas sehr Schwieriges.

Amma erklärt uns: „Es gibt vier Wege, den Austausch von Ideen zu verbessern: Lesen, Schreiben, Sprechen und Zuhören. Von Kindheit an lernen wir die ersten drei Disziplinen. Jedoch haben wir wenig geübt zuzuhören. Deshalb sind viele von uns schlechte Zuhörer. Eigentlich hat uns Gott zwei Ohren gegeben und nur einen Mund. Wir müssen bereit sein, doppelt so viel zu hören wie wir reden. Im Moment tun wir das Gegenteil. Wir reden und reden, sind aber nicht bereit zuzuhören."

Wie wir den Worten eines Sterbenden zuhören, ist sehr wichtig. Wir können versuchen, uns mit den Emotionen, die wir hinter den Worten eines Menschen spüren zu identifizieren. Danach können wir die Emotionen, die wir meinen, gehört zu haben, benennen und so zurückspiegeln. Wenn wir darin Übung bekommen, ist diese Technik recht einfach und wir können sie auch im täglichen Leben anwenden, sobald jemand zu uns kommt und es etwas Wichtiges zu besprechen gibt. Wir beginnen, indem wir innehalten mit dem, was wir gerade tun und der anderen Person unsere volle Aufmerksamkeit schenken. Wir hören mit unserem ganzen Wesen zu und reflektieren anschließend die Gefühle, die wir gehört haben, zurück zu der Person. Wenn wir etwas nicht richtig verstanden haben, wird es uns die andere Person wissen lassen. Wir müssen vorsichtig sein, nicht die Gefühle herunterspielen oder verändern, die diese Person in diesem Moment zeigt. Unser Ziel ist zuzuhören und zu unterstützen, nicht zu bewerten. Das ist ein sehr entscheidender Punkt.

Gefühle benennen

Menschen – egal ob gesund oder sterbenskrank – wollen gehört werden. Der beste Weg, zuzuhören ist, dass wir uns bemühen, die Gefühle hinter den Worten herauszuhören. Viele Menschen haben einen sehr begrenzten emotionalen Wortschatz; im Folgenden ein Dialog mit einer Frau, die nicht gut ausgerüstet ist, ihr Gefühlsleben zu beschreiben.

Dialog Nr. 4 – Begrenzter emotionaler Wortschatz

Besucher: Wie geht es Ihnen?
Patientin: Naja, es ist hart.
Besucher: Was ist hart? (Der Besucher lächelt sie an und berührt ihren Arm.)

Patientin: Nicht bei meiner Familie zu sein.

Besucher: Fühlen Sie sich einsam?

Patientin: Ja.

Besucher: Wie fühlt es sich an, wenn Sie von Ihrer Familie getrennt sind?

Patientin: Ich mag das nicht.

Besucher: Könnten Sie mehr darüber erzählen?

Patientin: Wir sind eine sehr... enge Familie. Wir sind... rechtschaffen und... gesittet.

Besucher: Das klingt, als seien Sie sehr stolz auf Ihre Familie.

Patientin: Bin ich.

Besucher: Wie fühlt es sich an, ihnen fern zu sein?

Patientin: Traurig.

Besucher: Können Sie mir von ihnen erzählen?

Patientin: Ja. Wir lieben uns gegenseitig sehr. Meine Kinder sind alle... gute Menschen. Ich fühle mich von ihnen getrennt.

Besucher: Meinen Sie, das ist so, weil Sie im Krankenhaus sind?

Patientin: Nein, ich fühle das immer. Es wird... traurig sein, wenn wir nicht mehr zusammen sind.

Besucher: Sie meinen, wenn jemand stirbt?

Patientin: Ja, es ist hart, wenn jemand stirbt.

Besucher: Ja, das ist es. (Pause) Sprechen Sie von Ihrem eigenen Tod?

Patientin: Ja.

Besucher: Was wird Ihren Tod schwer machen?

Patientin: Ich werde sie verlassen. Ich glaube nicht, dass ich sie verlassen kann.

Besucher: Sie vermissen sie sehr, wenn Sie nicht bei ihnen sind.

Patientin: Ja. Wir sind uns so nah... Wir lieben uns gegenseitig.

Besucher: Was fühlen Sie, wenn Sie an Ihren Tod denken? (Der Besucher streicht sanft über ihre Stirn.)

Patientin: Traurigkeit.

Wenn der Patient Schwierigkeiten hat, über Gefühle zu reden, ist es das Beste, Ja-/Nein-Fragen zu vermeiden, weil es in ihrer Art liegt, dass sie keinen Raum geben für Ausweitung oder Beschreibung, vor allem wenn die Person über einen sehr begrenzten emotionalen Wortschatz verfügt. Nach einer Weile fühlt man sich dann vielleicht wie ein Zeitungsreporter, der eine Frage nach der anderen abspult.

Während wir einem Freund oder Nahestehenden zuhören, können wir darauf Acht geben, ob Bedürfnisse ausgedrückt werden. Dies können praktische, unmittelbare

Bedürfnisse sein wie z.B. Wasser trinken oder auch emotionale Bedürfnisse wie eine sichere Umgebung zum Weinen zu haben. Während des ganzen Verlaufes unserer Begleitung können wir uns immer wieder fragen: „Bin ich in der Lage, irgendein Bedürfnis dieses Menschen zu erfüllen?"

Wir können auch zurückspiegeln, was wir hören. Zuhören ohne Bewertung und der anderen Person unsere volle Aufmerksamkeit schenken ist alles, was von uns erwartet wird. Wir werden nicht den ganzen Schmerz verschwinden lassen, noch werden wir alle Probleme des Menschen lösen. Aber indem wir zurückspiegeln, was ein anderer Mensch fühlt, erlauben wir ihm, sich verstanden zu fühlen. Dieses Bedürfnis, verstanden zu werden, ist sehr tief in uns verwurzelt. Wenn dieses Bedürfnis erfüllt wird, fühlen wir uns angenommen und bestärkt.

Die Konzentration auf den Patienten richten

„Amma hat den starken Wunsch, dass alle ihre Kinder so rein werden, dass sie Licht und Liebe ausstrahlen, wem auch immer sie begegnen. Nicht Prediger, sondern lebendige Beispiele braucht diese Welt."

– Amma

Wenn wir bei einem Sterbenden sind, sollten wir niemals belehren oder eine Predigt halten oder gar über unseren eigenen Glauben sprechen. Unsere spirituellen Übungen und unser Glaube sind für uns selbst – um uns zu unterstützen und zu stärken, vor und nach dem Besuch bei dem Sterbenden. Das ist unser

Weg, dem Leiden einen Sinn zu geben oder es ,auszuhalten'.

Zum Beispiel vermeiden wir es gegenüber einer Person, die leidet, Dinge zu sagen wie: „Du bist doch nicht der Körper!", „Es ist alles Gottes Gnade." oder „Es ist dein *Karma*". Wenn wir so etwas sagen, können wir fast die Gedanken der anderen Person hören: „Das ist leicht für dich zu sagen. Du musst ja nicht hier hindurch gehen!"

Auch wenn solche Glaubenssätze für uns wichtig sind und wir sie mit der besten Absicht aussprechen, verstärken sie nur das Gefühl der Trennung beim Patienten. Selbst wenn ihr den gleichen spirituellen oder religiösen Hintergrund habt, setze nichts voraus. Jeder Mensch hat eine einzigartige Beziehung zum Leben; aus dem Grund haben wir alle auch eine eigene Philosophie in Bezug auf solch heikle Themen wie Krankheit und Tod.

Wenn jemand, den wir besuchen, uns ernsthaft nach unserem Glauben fragt, dann dürfen wir uns erlauben, unsere Lebensweise offen mitzuteilen. Es ist hilfreich, wenn wir dann auch den Patienten bitten, etwas über seinen Glauben und seine Art zu leben zu erzählen. Wir wissen nie, wann Patienten daran interessiert sein könnten, andere Perspektiven zu hören. In der Tat kann es für sie hilfreich sein, nach anderen Perspektiven Ausschau zu halten und die eigene Sichtweise zu hinterfragen, um ein Verständnis von Glauben zu entwickeln, das sie in ihrer aktuellen Situation mehr unterstützt.

Während unseres Besuches versuchen wir, über das Hier und Jetzt zu sprechen, fragen den Patienten, wie es ihm geht, wie sie oder er sich fühlt usw. Versuche den Fokus auf der momentanen Situation zu halten. Wir können Fragen stellen wie: „Was ist gerade das Schwierigste für dich?" Wir wollen nicht einen

Patienten besuchen und eine Konversation beginnen wie: „So! Wie war das für dich, in den 60er Jahren in Berlin aufzuwachsen?" Die erste Frage spricht die Gefühle des Patienten jetzt, im Augenblick, an. Die andere hat den Schwerpunkt auf der Vergangenheit.

Wenn jedoch eine krebskranke Person ein Gespräch einleitet: „Oh, eine ganze Woche muss ich schon immer wieder an meine Tante Else aus Heidelberg denken." Das ist ein ganz anderer Fall. Wir können fragen: „An was genau denkst du bei ihr?" Und vielleicht findest du heraus, dass ihre Tante an Krebs gestorben ist. Es ist ein großer Unterschied, ob der Patient selbst ein neues Gesprächsthema anschneidet, das in keinem Zusammenhang zu stehen scheint. Wir sollten dem folgen, was auch immer zur Sprache gebracht wird. Unsere Fähigkeit zuzuhören verändert sich im Allgemeinen, wenn wir bei Sterbenden sitzen. Die

Qualität unseres Zuhörens wird aufmerksamer und ernsthafter.

Wenn wir Amma anschauen, wenn sie Menschen hilft, können wir sehen, dass ihre Aufmerksamkeit nie bei ihr selbst ist. Sie ist immer auf den Menschen gerichtet, der zu ihr gekommen ist. Tatsächlich sagt Amma, dass sie in vielerlei Hinsicht wie ein Spiegel funktioniert, dass sie die Gefühle und den geistigen Zustand der verschiedenen Menschen, die zum *Darshan* kommen, reflektiert.

Wenn Menschen, die zu Amma kommen, traurig sind, spiegelt sie ihnen ihr Leiden zurück. Wenn sie glücklich sind, reflektiert sie die Freude. Indem Amma ihre Gefühle versteht und reflektiert, wird sie zu einer gewaltigen Quelle der Unterstützung für die Menschen. Endlich fühlen sie, dass jemand sie erkennt, jemand sie versteht. Menschen ziehen enormen Trost und große Stärke aus diesem Gefühl, verstanden zu werden.

Zusammen-Sein

„*Kinder, lernt unter allen Umständen entspannt zu sein. Was immer du machst, wo auch immer du bist, entspanne dich und du wirst sehen, wie kraftvoll das ist. Die Kunst der Entspannung bringt die Kraft nach außen, die in dir existiert; durch Entspannung kannst du deine unbegrenzten Fähigkeiten erfahren. Es ist die Kunst, deinen Verstand still werden zu lassen und all deine Energie auf die Arbeit, die du gerade tust, zu richten, was auch immer das sein mag. Auf diese Weise wirst du fähig, dein ganzes Potenzial zu entfalten. Sobald du diese Kunst erlernt hast, geschieht alles spontan und mühelos."*

– Amma

Du magst dich fragen, warum es wichtig ist, sich der Unterschiede zwischen Frauen und Männern bewusst zu sein, den Veränderungen, die bei einer Person vor sich gehen, die die Diagnose einer schweren Krankheit erhalten hat, der Tendenz bei Patienten, ärgerlich zu reagieren, usw. Je besser wir eine Situation verstehen, desto entspannter werden wir sein. In der Gegenwart einer entspannten und ruhigen Person zu sein hilft anderen, entspannt und ruhig zu sein. Folglich wird sich die Person desto entspannter fühlen, je entspannter wir sind – das wird definitiv einen positiven Effekt haben. Eine der Ursachen, weshalb wir einen solchen Frieden in der Gegenwart von Heiligen wie Amma erleben, ist der Grad von Frieden, der sie durchdringt. Der Frieden ihres Geistes ist so kraftvoll, dass er einen ähnlichen Effekt in unserem Geist hervorruft – so wie auch jede andere Vibration anderes zum Mitschwingen anregt.

Wie angenehm ist dir Schweigen? Diese Frage ist wichtig, denn es wird viele stille Momente geben, wenn wir bei einem Sterbenden sitzen. Sie mögen körperlich zu schwach sein zum Reden oder in einer nachdenklicheren Stimmung als gewöhnlich.

In der Tat nutzen viele oft das Reden, um Stille auszufüllen. Während wir die schweigende Atmosphäre eines sterbenden Menschen erleben, können wir Ammas Lehren über die Stille besser verstehen und ihren Wert erkennen: „Kinder, redet weniger und nur, wenn es absolut nötig ist. Wenn du ein Wort sagst, sage es sehr bedacht, denn ein spirituell Suchender oder Anhänger sollte keine bedeutungslosen Dinge sagen, nicht einmal ein einziges Wort."

Uns selbst manchmal Zeit zum Alleinsein zu nehmen, wird uns helfen, uns mehr an das

Schweigen zu gewöhnen. Das bedeutet nicht, dass wir uns in einen Wald zurückziehen sollen. Wir können Schweigen üben in einer Bücherei, in der zwar Menschen sind, aber kaum Kommunikation, oder bei einem langen Spaziergang – alleine und ohne Handy. Dies ist gleichzeitig eine Einstimmung auf unsere eigene Zukunft, denn wenn wir älter oder krank werden, wird auch unsere Interaktion mit der Welt auch abnehmen. Wenn wir nicht daran gewöhnt sind, alleine zu sein mit unserem Körper und Geist, können wir uns in einer späteren Lebensphase sehr einsam, angstvoll und depressiv fühlen.

Wir alle wollen Menschen Lösungen anbieten, wenn wir ihre Probleme hören, sogar bevor sie darum bitten. Höre geduldig zu, ohne zu unterbrechen, das ist eine großartige Form der Selbstdisziplin, eine Übung in Selbstbeherrschung. Unsere Tendenz ist immer zu kommentieren, oder sogar schlimmer zu konkurrieren, indem wir Menschen ins Wort fallen und von unserer eigenen Erfahrung berichten, die schlimmer, großartiger oder tiefer war.

Wie wohl fühlst du dich, wenn jemand weint? Einmal saß eine Freundin von mir bei ihrer Freundin, die im Sterben lag. Die Sterbende begann plötzlich zu weinen. Anstelle ruhig zu sein und sie einfach weinen zu lassen, versuchte meine Freundin sie zu trösten und fragte: „Weshalb weinst du?" Die Frau hörte sofort zu weinen auf und antwortete nicht. Wenn jemand in der Mitte eines Gespräches beginnt zu weinen, können wir etwas sagen wie: „Ich sehe, das berührt dich sehr. Möchtest du darüber sprechen?" Vielleicht wollen sie das nicht. Oder sie sagen „Nein" und weinen weiter. Das ist gut so, deine Aufgabe ist es, ruhig bei ihnen zu sitzen, einfach bei dem Menschen zu sein.

Versuche nicht, weise zu sein und setze dich nicht unter Druck, immer die richtigen Dinge sagen zu müssen. Das ist unmöglich. Komme einfach und halte dein Herz offen. Wenn dies dein Beweggrund ist, wird der Patient das fühlen. Suche nicht nach Beweisen, dass deine Anwesenheit einen tief greifenden oder positiven Effekt hat. Wenn du wirklich nicht herausfinden kannst, was dein sterbender Freund oder Verwandter braucht, versuche dich in dessen Lage zu versetzen und frage dich: „Wenn das mir geschehen würde, was würde ich mir von einem Freund oder Besucher wünschen, was würde ich brauchen?"

Hoffnung ist eine Qualität, die im ständigen Wandel ist. Anfänglich hoffen die meisten Patienten, dass sich ihre Diagnose als falsch erweist. Dann wandelt sich die Hoffnung in ein Hoffen auf eine erfolgreiche Behandlung. Und wieder mag sie sich verändern zu etwas wie: „Ich hoffe, dass mein Mann mit den

Kindern klarkommt ohne mich." Am Ende
könnte es sein: „Ich hoffe, dass ich schnell
gehen kann." Anstatt davon auszugehen, dass
der Patient seine Hoffnung aufgegeben hat,
können wir auch fragen: „Welche Hoffnung

hast du für diesen heutigen Tag?" Diese
Richtung der Nachfrage bringt uns in den
jetzigen Moment. Wir können dann über
diese Hoffnung für heute reden, eine Brücke
bauen vom ‚großen Bild von Hoffnung' zur
‚Im-Moment-Hoffnung'.

Wir können Hoffnung auch in einem
anderen Zusammenhang sehen. Menschen, die

an einer Krankheit leiden, vor allem wenn es über lange Zeit hinweg ist, haben manchmal Mühe, eine gute Stimmung zu bewahren. Eine Depression kann sich langsam einschleichen und ihren Alltag beeinflussen. Vielleicht erkennen wir gar nicht, dass unsere Besuche ihnen das Gefühl geben, Teil des Lebens zu sein und auf einer subtilen Ebene Hoffnung schenken – wenigstens für heute.

Schuld

„*Reagiere nicht auf die Vergangenheit. Eine Reaktion beinhaltet Gewalt und Aggression. Eine Reaktion ruft mehr Unruhe im Verstand hervor und genau die Gedanken, die du versuchst zu vergessen, werden mit mehr Kraft wiederkehren. Reagieren bedeutet zu kämpfen. Die Wunden der Vergangenheit zu bekämpfen wird sie nur vertiefen. Entspannung ist die Methode, die die Wunden des Geistes heilt, nicht reagieren.*"

„*Allein schon das Verständnis, dass du etwas falsch gemacht hast, hat dich davon befreit. Dir wurde schon vergeben. Der*

Schmerz, den du erlitten hast, ist mehr als genug, um die Sünde wegzuspülen.
Jegliche Sünde wird abgewaschen durch die Tränen der Reue... Von nun an solltest du diese Bürde nicht mehr in deiner Erinnerung tragen. Vergiss sie und sei im Frieden."

– Amma

Wenn Menschen ernstlich erkrankt sind, haben sie viel Zeit, über ihre Vergangenheit nachzudenken. Manchmal tauchen bei Menschen, die vor dem Tod stehen, Schuldgefühle oder Bedauern auf. Sie mögen das Bedürfnis haben, ihr Bedauern und sogar Geständnisse für etwas, das sie falsch gemacht haben, auszusprechen oder ein Geheimnis zu offenbaren, das sie lange mit sich herumgetragen haben. Üblicherweise möchte der Patient einfach, dass jemand dabei zuhört und so Zeuge ihrer Geschichte wird. Wenn jemand sich zum Beispiel schuldig fühlt für etwas, was er vor zwanzig Jahren gemacht hat, und es nun bereut, können wir ihn fragen: „Zu der Zeit und unter den Umständen, hast du dein Bestes getan, damit gut umzugehen?" Und normalerweise antworten die Menschen, dass es stimmt, dass sie ihr Bestes getan hätten. Diese Erkenntnis hilft ihnen, sich selbst zu vergeben. In einem solchen Moment versuchen wir, mit einem offenen Herzen dem zuzuhören, was vielleicht so schmerzhaft für den Patienten ist.

Häufig tauchen bei einer unheilbaren Krankheit auch Glaubensfragen auf. Viele Menschen fragen sich, was sie denn falsch gemacht hätten, womit sie diese Krankheit verdienten oder ob Gott ärgerlich auf sie sei. Wenn jemand uns etwas fragt wie: „Warum bestraft mich Gott?", können wir einen Dialog beginnen mit der Frage: „Magst du mehr über deine Beziehung zu Gott erzählen?"

Wie im folgenden Dialog dargestellt, können sich Schuldgefühle auf verschiedenen

Ebenen zeigen. Der Sterbende mag das Gefühl haben, seine Beziehung zu Gott werde geprüft oder er könne nicht frei sprechen vor demjenigen, der sich um ihn kümmert, oder dass er seine Angehörigen belasten würde.

Dialog Nr. 5 – Schuld- und Glaubensfragen

Besucher: Hallo.

Patientin: (Zum Ehemann) Bob, kannst du eine Weile nach draußen gehen, so dass wir reden können?

Besucher: Wie geht es dir, Rosa?

Patientin: Nun, ich hatte jetzt drei Operationen. Es war wirklich hart. Ich war manchmal nahe daran aufzugeben. Ich habe wirklich gebetet. Manchmal habe ich meinen Glauben verloren. Jetzt scheint es mir besser zu gehen und ich fühle mich schlecht, dass ich nicht das

Vertrauen hatte, dass Gott bei mir war oder mich hörte.

Besucher: Fühltest du dich in dieser harten Zeit entmutigt und ärgerlich gegenüber Gott?

Patientin: Ja. (Pause) So etwas könnte ich meiner Mutter nie sagen. Sie ist sehr gläubig. Sie sagt immer: „Gott kümmert sich um alles."

Besucher: Und das fühlt sich manchmal als nicht wahr für dich an?

Patientin: Richtig. (Pause) Sie hat absolutes Vertrauen.

Besucher: Wie sieht absolutes Vertrauen für dich aus?

Patientin: Hmmm… Ich vermute, so jemand macht sich nie Sorgen, akzeptiert absolut alles, das ihm widerfährt. (Sie lacht.) Du hast Recht; wahrscheinlich hat niemand totales Vertrauen.

(Lange Pause. Beide sitzen im Schweigen. Traurigkeit zeigt sich im Gesicht der Patientin.)

Besucher: Bist du gerade traurig?

Patientin: (Sie bricht in Tränen aus.) Ja.

Besucher: (Nach einer kurzen Weile) Was macht dich traurig?

Patientin: Meine Familie, die Kinder, Bob... Ich fühle mich so schlecht, dass sie durch all dies gehen müssen. Sie sorgen sich so sehr und rufen mich oft an. Und er ist so ein guter Ehemann. Niemand könnte einen besseren Mann haben. Nie beschwert er sich. Niemand von ihnen. Sie sind alle so wundervoll.

Besucher: Hast du das Gefühl, dass du ihnen zur Last fällst?

Patientin: Ja. Normalerweise bin ich diejenige, die nach allen schaut.

Besucher: Das klingt so, als hätten sich eure Rollen verändert und du fühlst dich nicht wohl damit.

Patientin: Ja, das ist es.

Besucher: Ist es hart für dich, um Hilfe zu bitten?

Patientin: Ja. Ich musste das nie zuvor tun. Du erinnerst dich, ich habe bei der Pflege meiner Mutter mitgeholfen. Ich weiß, es kann manchmal hart sein.

Besucher: Und du willst dies deiner Familie ersparen?

Patientin: Ja, aber jetzt brauche ich Hilfe.

Besucher: Jetzt bist du in der Position zu erhalten, anstelle zu geben. Das ist hart für dich, nicht wahr?

Patientin: Ja.

Direkt von Anfang an erklärt die Patientin ihre Situation. Sie hat drei Operationen gehabt; das ist viel durchzustehen. Wenn wir hören, dass jemand eine so schwerwiegende Erfahrung erzählt, müssen wir das wirklich in uns aufnehmen und uns fragen: „Wie würde ich mich fühlen nach drei Operationen?" Es ist auch interessant zu beachten, dass die Besucherin nicht über ihren eigenen Glauben spricht während des Besuchs. An Stelle dessen stellt sie Fragen in einer Art und Weise, dass die Patientin Gelegenheit bekommt, ihre eigene Wirklichkeit zur Sprache zu bringen: Die Familie schützen, Glauben, Hoffnung, Traurigkeit, Veränderungen im Lebensstil und sich als Last fühlen.

Unerledigtes

Zu wissen, dass der Tod unmittelbar bevor-
steht, ist ein Geschenk, auch wenn es schmerz-
lich ist. Wenn Menschen unerwartet sterben,
haben sie keine Gelegenheit sich von irgend-
jemandem zu verabschieden.

Es gibt fünf Dinge, die jeder Sterbende
hören will:

– „Ich danke dir."
– „Bitte vergib mir."
– „Ich vergebe dir."
– „Ich liebe dich."
– Einen persönlichen Abschiedsgruß.

Jeder kann dies auf eigene Art und Weise
ausdrücken. Manchmal geschieht all das in

einem einzigen Gespräch, weil das vielleicht die einzige Möglichkeit ist.

Wenn wir ein solches Gespräch führen, ist es gut uns daran zu erinnern, dass wir die Themen positiv halten sollten.

Sterbende mögen Situationen aus der Vergangenheit erwähnen, in denen sie Fehler uns gegenüber gemacht haben oder uns etwas angetan haben, das sie bereuen. Dies ist ihr Weg, sich bei uns zu entschuldigen. Unterbreche sie nicht und sage: „Das ist schon gut, ich habe das alles längst vergessen." Lasse sie sagen, was sie zu sagen haben. Höre einfach zu. Nachdem sie alles geäußert haben, was sie mitteilen wollen, können wir, falls es angemessen ist, zum Beispiel sagen: „Ich vergebe dir dafür."

Wir selbst sollten keine negativen Erinnerungen aufwerfen. Wir wollen das Leben derer, die am Sterben sind, feiern, ihre Tugenden und positiven Errungenschaften hervorheben. Wir wollen ihnen helfen, dass sie zufrieden sind mit

ihrem Leben und glücklich und dass sie ohne
das Empfinden von Schuld und anderen negativen Gefühlen sterben können. Menschen
in schwerer Krankheit und nahe dem Tod
an ihre guten Eigenschaften zu erinnern, ist
vergleichbar mit dem Wässern oder Düngen
einer Pflanze. Wir wollen das Herz ansprechen,
so dass es aufblühen kann. Ansonsten könnte
die negative Seite des Verstandes die Kraft
des Herzens durch Gefühle von Depression,
Trauer und Bedauern ersticken.

Mutter Theresa erzählt eine Geschichte,
die die große Bedeutung von Vergebung beim
Sterbeprozess enthüllt: „Wir wurden erschaffen, um zu lieben und geliebt zu werden. Ein
junger Mann lag im Sterben, kämpfte aber
drei, vier Tage, um sein Leben zu verlängern.
Eine Schwester fragte ihn: ‚Warum kämpfst du
weiter?‘ ‚Ich kann nicht sterben, ohne meinen
Vater um Vergebung gebeten zu haben‘ antwortete er. Als sein Vater eintraf, umarmte der

junge Mann ihn und bat ihn um Vergebung. Zwei Stunden später verschied er friedlich."

Nachdem die Großtante meiner Freundin starb, erzählte sie mir ihre Erfahrung: „Ich war meiner Großtante sehr nah, aber ich hatte sie seit Jahren nicht gesehen, weil sie auf einem Bauernhof in Afrika lebte und ich in Amerika. Meine Tante litt nach jahrzehntelangem starkem Rauchen an einem Lungenemphysem. Ich schrieb ihr und erwähnte in dem Brief, dass ich immer, wenn ich eine Taube gurren hörte, an sie dachte und an einige meiner glücklichsten Kindheitsmomente, denn es gab so viele Tauben auf ihrem Hof.

Als ich viele Monate später in meiner Wohnung saß, hörte ich ein Geräusch am Fenster – es war das Geräusch einer gurrenden Taube mit schnell schlagenden Flügeln. Ich ging zum Fenster und schob sanft das Rollo beiseite. Eine Taube schwebte nur Zentimeter vom Fenster entfernt, mit den Flügeln schlagend, um an der

Stelle zu bleiben. Ich war überrascht, weil ich mich nicht erinnern konnte, je eine Taube in der Umgebung gesehen zu haben. Etwas später klingelte das Telefon, ich bekam die Nachricht, dass meine Tante gerade gestorben war.

Ich litt sehr darunter, bis ich drei Tage später einen Traum hatte, der mir Frieden gab. Im Traum befanden wir uns irgendwo draußen auf dem Land, auf einer kleinen Straße zwischen grünen Feldern und Laubbäumen. Ich stand auf der Straße und meine Tante saß auf dem Rücksitz eines Autos, das langsam anfuhr. Ich sagte meiner Tante, dass ich sie liebte. Während sich das Auto entfernte, schaute meine Tante durch die Heckscheibe zu mir zurück und formte mit dem Mund die Worte: ‚Ich liebe dich!'"

Wenn es dir nicht möglich ist zum Zeitpunkt des Todes bei jemandem zu sein, kann ein Traum wie dieser ein Zeichen sein, dass die Person so – auf die ihr einzig mögliche Art – zu dir kommt und sich von dir verabschiedet.

Unsere Pläne

Je mehr wir an einem Menschen hängen, desto mehr wollen wir für ihn tun. Ein Beispiel: Wir fahren zum Krankenhaus, in dem unsere Schwester liegt. Wir haben sie schon einmal dort besucht. Auf dem Weg denken wir möglicherweise: „Oh, das war so stickig im Zimmer. Ich werde die Rollos und Fenster öffnen. Und vielleicht zünde ich Räucherstäbchen an. Ich habe diese schöne klassische Musik, die werde ich auflegen. Ich werde ihr aus der Heiligen Schrift vorlesen und ihr vielleicht eine Fußmassage geben. Ich werde ihr wunderschöne Chrysanthemen mitbringen."

Dies sind wundervolle Ideen, aber es könnte sein, dass wir übersehen, dass unsere

Schwester aufgrund ihrer Behandlung sehr empfindlich reagiert auf Licht und Geruch. Sie mag lieber die Beatles und Led Zeppelin als klassische Musik. Sie ist allergisch auf Chrysanthemen und sie würde liebend gerne die Bunte lesen, da sie sich komplett isoliert fühlt und keine Ahnung mehr hat, was in der Welt vor sich geht. Deshalb müssen wir immer fragen, fragen, fragen – fragen, was er oder sie gerne hätte.

Je näher uns ein Mensch steht, desto seltener denken wir daran zu fragen. Wir fühlen uns irgendwie freier, uns Nahestehenden aufzudrücken, was wir für gut halten. Wir müssen uns daran erinnern, dass der Sterbende nur noch sehr wenig Kontrolle über sein Leben hat – wir wollen ihn ermächtigen durch so viele Wahlmöglichkeiten und so viel Freiheit wie nur möglich. Wenn unsere Schwester sich über uns ärgert, kann sie sich nicht zurückziehen.

Die einfache Tatsache, dass der Patient ans Bett gefesselt ist, ruft Umstände hervor, in denen der Patient auf die Gnade der anderen angewiesen ist. Indem wir in einen Raum gehen und ohne zu fragen Dinge tun, von denen wir annehmen, dass der Patient sie mag, machen wir ihn machtlos und verstärken sein Gefühl der Hilflosigkeit und des Ausgeliefert-Seins.

Als ich mich um meinen Vater kümmerte, erlebte ich viele Situationen, in denen ich viele Pläne hegte. Er erhielt die Diagnose eines unoperierbaren Lungenkrebses im vierten Stadium, als er 49 Jahre alt war. Da sein Tumor auf einem Nerv lag, brauchte er unglaublich starke Schmerzmittel. Es schien mir, als hätte er jeden Tag die Dosis erhöhen müssen. Das machte mir große Mühe, da er in der Vergangenheit Suchtprobleme hatte. Ich hatte Angst, er würde abhängig werden von diesen Schmerzmitteln.

Wenn ich zurückschaue, hatte ich auch Angst, den Menschen, den ich als meinen Vater kannte zu verlieren, auch wenn ich mir das damals nicht bewusst war. Sein scharfer Verstand, sein Witz und sein sonniges Gemüt wurden wirr und allmählich verlor ich die Persönlichkeit, an der ich so hing. Ich war noch nicht bereit, ihn gehen zu lassen.

Nachdem ich zwei Monate für ihn gesorgt hatte, dachte ich eines Tages, als er um seine Medizin bat: „Anstelle von drei Tabletten Morphium gebe ich ihm nur zwei und eine Vitamin-C-Tablette." Als ich ihm die Tabletten brachte, sah er sofort, was ich getan hatte. Er schaute mich an und sagte: „Was machst du? Meinst du ich will so viel Medizin nehmen?" Beide weinten wir.

Diese Geschichte zeigt, wie blind wir durch unsere Bindungen werden können. Immer wenn uns der Gedanke kommt: „Ich weiß, was das Beste ist" oder wenn wir meinen, dass wir etwas tun, was das Beste für den Patienten ist, müssen wir sehr aufmerksam unsere Motive hinterfragen. In diesem Fall war meine Handlung sehr selbstsüchtig, denn ich konnte die Veränderungen, die so schnell geschahen, nicht akzeptieren. Ich war noch nicht bereit, meinen Vater zu verlieren.

Ideal ist es, schon bald nach der Diagnose ein Gespräch mit dem Patienten zu führen, das Fragen anspricht wie: „Wie kann ich dir helfen, dass du dich am wohlsten fühlst?" oder „Wie viel Zeit brauchst du für dich alleine?" Schenke ihren Vorlieben und Gewohnheiten deine volle Aufmerksamkeit; sind sie umgeben von Büchern oder telefonieren sie ständig? Frage auch im Laufe der Zeit den Patienten immer wieder klar und direkt, was er möchte.

Vielen Menschen aller Glaubenrichtungen ist es sehr wichtig, zum Zeitpunkt des Todes an Gott oder den Guru zu denken. Wenn der Sterbende einem Glauben folgt oder ein

religiöser Anhänger ist, frage ihn, was genau
er sich wünscht, vor allem für den Zeitpunkt
seines Todes. Wie kann er am einfachsten an
Gott erinnert werden? Was ist seine tägliche
Übung oder Meditation?

Hilfreiches und Störendes

Wir sollten uns immer darum bemühen, Phrasen zu vermeiden wie: „Mach dir keine Sorgen, es wird alles wieder gut" oder „Da ist immer ein Hoffnungsschimmer." Einmal fand ich mich in der Mitte der Nacht in der Notaufnahme ein. Es hatte einen Unfall mit drei Autos gegeben, in den viele Kinder verwickelt waren. Vier Jungen einer Familie hatten gerade gesehen, wie ihre Mutter starb. Sie war durch die Windschutzscheibe geschleudert worden. Ich tröstete den Elfjährigen, umarmte ihn einfach, während er weinte. An einem Punkt sagte ich: „Es wird wieder gut werden." Er zog sich von mir zurück, schaute mir in die Augen und sagte: „Nein, das stimmt nicht." Nach einer Pause sagte ich: „Du hast recht, es wird vielleicht nicht mehr gut werden."

Es bedurfte eines elfjährigen Kindes, um mir beizubringen, nichts so Leeres, Gedankenloses und Unwahres daherzusagen. Wenn jemand zu dir sagt: „Ich habe Angst" und du weißt ehrlich gesagt nicht, was du darauf sagen sollst, so sei ehrlich und sage, falls das zutrifft: „Ich habe auch Angst." Eine ehrliche Antwort schafft eine Verbindung.

Ratschläge sind selten gut oder erwünscht. Wenn ein dir Nahestehender jedoch eine wichtige Entscheidung treffen muss bezüglich seiner Gesundheit und Behandlung, und wenn er klar überlegen und Entscheidungen treffen kann, so kann es für ihn hilfreich sein, einige Möglichkeiten gemeinsam durchzusprechen.

Zum Beispiel könnte ein Patient sagen: „Ich bin erschöpft. Ich habe das nun zwei Jahre mitgemacht. Der Krebs ist zurückgekommen. Ich weiß nicht, ob ich das weiter ertragen kann.

Mein Arzt will, dass ich noch eine Runde Chemotherapie mache." Wir könnten antworten: „Es klingt, als stehst du vor einer schwierigen Entscheidung. Wenn du schwierige Entscheidungen in der Vergangenheit in deinem Leben fällen musstest, wie bist du das angegangen?" Wenn die Person dann antwortet: „Ich habe gebetet und bin für eine lange Zeit still gesessen" oder „Ich habe mit meinem besten Freund darüber geredet", dann können wir sie ermutigen, so auch in diesem Fall vorzugehen. Auf diese Art und Weise helfen wir ihm, zu seiner eigenen Lösung zu kommen; wir sagen nicht einfach jemandem, was er tun soll.

Aufbauen einer Beziehung

„Kinder, das Mitgefühl, das ihr für Leidende verspürt, bringt ihnen an sich schon Frieden; und es lässt gleichzeitig eure Herzen weit werden. Wir müssen uns einfühlen in die, die leiden."

— Amma

Vielleicht wirst du zu einer Person gerufen, mit der du wenig gemein hast. Dein Bruder, deine Schwester, sogar dein Vater oder deine Mutter, jemand, von dem du dich entfernt hast, könnte plötzlich die Diagnose einer unheilbaren Krankheit erhalten.

Ich besuchte eine Frau, Dagmar, die verzweifelt auf eine Lebertransplantation wartete. Sie war heroinabhängig gewesen. Als ich mit ihr sprach, brach sie in Tränen aus. Sie war am Boden zerstört, denn sie hatte ihre Katzen weggeben müssen. Katzen tragen viele Keime. Ihr Immunsystem war zu geschwächt, als dass sie sich dem hätte aussetzen können. Es fiel mir nicht leicht, Geduld zu bewahren, als sie mehr als eine Stunde von diesen Katzen erzählte. Aber während ich ihr zuhörte, fand ich heraus, dass ihre geliebten Großeltern, bei denen sie aufgewachsen war, Katzen gehabt hatten. Für sie bedeuteten Katzen Liebe. Sie hatte sonst niemanden, den sie lieben konnte; deshalb brach es ihr das Herz.

Ich besuchte einen Vietnamveteran, Roy, der Autorennen liebte und eine Harley Davidson fuhr. Seine einzige Form von Kontakt war, einmal im Monat mit einigen Freunden Poker zu spielen. Ich hatte absolut nichts gemein mit diesem Mann. Ich war nie bei einem Autorennen gewesen und, um ehrlich zu sein, ich fürchtete mich ein wenig vor ihm. Er hatte nie

Besuch und dies brachte mich dazu, immer wieder bei ihm anzuklopfen. Ich wollte ihm dienen, deshalb musste ich einen Weg finden, eine Beziehung aufzubauen.

Nach einigen Besuchen, bei denen ich all dies über ihn erfahren hatte, ging ich zum Freiwilligenzentrum im Krankenhaus. Dort fand ich ein paar Ausgaben eines Automagazins, einige Zeitschriften über Autorennen und ein Deck Spielkarten. Bei meinem nächsten Besuch gab ich ihm die Magazine und wir spielten Poker. In dieser Situation war das der beste Weg zu einer Beziehung und um ihn etwas zu trösten. Manchmal müssen wir unsere Definition, was spirituell ist, ausweiten. Die Bibel mitzubringen oder religiöse Musik mag nicht die passende Lösung für alle sein. Wir sind dazu da, den Patienten Trost zu spenden, nicht uns selbst.

Wieder veranschaulicht Amma diese Fähigkeit vollkommen. Sie trifft jeden, wo

er gerade steht, entsprechend seinen Lebens-
umständen. Wenn sie mit Studenten spricht,
wird sie zur Studentin, bezieht sich auf sie
ihrem Niveau entsprechend und nimmt sich
ihrer Sorgen und Fragen an. Das gleiche gilt
für Inder, Westler, Haushälter, Mönche, Kinder, Berufstätige, Obdachlose... Mühelos und
spontan baut Amma Brücken, gibt Menschen
das Gefühl, dass sie eine der ihren ist und dass
sie sie versteht, unabhängig von sprachlichen
oder kulturellen Differenzen.

Zeichen

Manchmal geben uns Sterbende Zeichen oder benutzen Symbole. Jemand könnte sagen: „Ich hatte letzte Nacht einen Traum. Ich habe für eine Reise gepackt, aber ich konnte meinen Pass nicht finden." Dies könnte ein Zeichen sein, dass er sich bereit macht aus dem Leben zu gehen. Vielleicht ist er sich dessen nicht einmal bewusst. Wir können fragen: „Was meinst du, was dieser Traum bedeutet?" Und daraus könnte sich ein Gespräch über den Tod entwickeln, was sich der Mensch wahrscheinlich unbewusst gewünscht hat, ohne zu wissen, wie dies beginnen.

Dr. Elisabeth Kübler-Ross sagt: „Es ist wichtig, dass wir die symbolische Sprache lernen, die viele unserer Patienten benutzen, wenn sie mit ihrem inneren Aufruhr nicht fertig werden, aber noch nicht bereit sind, offen über Sterben und Tod zu sprechen. Manchmal benutzen sie eine verschlüsselte Sprache, wenn sie sich nicht sicher sind, wie die Umgebung reagieren wird, oder wenn sie bei Familienangehörigen mehr Ängste wecken würden, als sie selbst haben."[6]

Wir können nicht davon ausgehen, dass es noch ein nächstes Mal gibt.

Einmal besuchte ich einen Patienten namens José. Er kam aus Zentralamerika und litt an Aids, Leukämie und Leberzirrhose. Wir hatten drei, vier Gespräche und mochten uns.

Obwohl er auf der Intensivstation lag, als ich eintraf, saß er, aß und sprach mit einem Freund. Weil er Besuch hatte, blieb ich nicht lange. Als ich die Tür erreichte, sagte er: „Ich

---

[6] Dr. Elisabeth Kübler-Ross: *Living with Death and Dying*, S.17

liebe dich." Da wir nur Bekannte waren, war das etwas ungewöhnlich. Ich drehte mich nur um, lächelte und ging. Er starb in der Nacht.

Im Rückblick verstand ich, dass er versucht hatte, sich von mir zu verabschieden. Ich hätte zurück in den Raum gehen, seine Hand nehmen und sagen sollen: „Ich liebe dich auch. Ich verabschiede mich." Dies war wirklich mein Verlust. Ich verpasste es, dort zu sein für diesen wunderbaren, expressiven Menschen, und nun werde ich nie mehr die Chance haben. Setze einen nächsten Besuch nicht als selbstverständlich voraus.

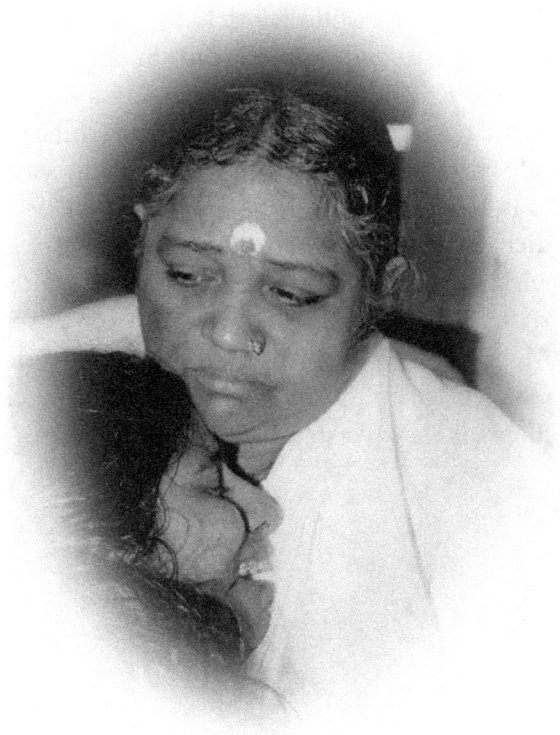

Tod

„Tod ist eine Kunst, die man lernen und üben muss. Das kannst du jedoch nur, wenn du dein Ego aufgibst und das ist nicht möglich ohne Meditation. Nur wenn wir die Unausweichlichkeit unseres eigenen Todes erkennen, werden wir ein dringendes Verlangen verspüren, inneren Frieden und wahres Glück zu suchen."

— Amma

Der Sterbeprozess

*„Wenn du während einer tiefen Medita-
tion stirbst, ist dies ein Tod, nach dem du
nicht wieder geboren wirst. Meditation
schützt uns vor allen Arten von Aufregung.
Du brauchst nicht an Gott zu glauben,
um zu meditieren. Man kann sich vorstellen, dass man mit dem Unendlichen
verschmilzt wie ein Fluss, der sich ins
Meer ergießt. Diese Methode wird einem
definitiv helfen, der inneren Unruhe zu
entkommen.“*

– Amma

Wenn eine Person in die letzten Stadien des
Sterbeprozesses kommt, werden zwei verschiedene Dynamiken aktiv. Körperlich beginnt

die letzte Erfahrung mit dem Loslassen des Körpers, dessen Höhepunkt das Versagen aller Körperfunktionen ist. Die andere Dynamik des Sterbeprozesses findet auf der emotional-spirituell-geistigen Ebene statt, wenn der Geist der sterbenden Person den letzten Prozess der Loslösung vom Körper und seiner unmittelbaren Umgebung beginnt.

Diese Phase wird auch ‚aktives Sterben' genannt. Dies ist üblicherweise ein Zeitraum von ein bis zwei Wochen vor dem Tod bis zum Zeitpunkt des Todes. Die Patienten hören zu essen und zu trinken auf. Manchmal ist ein Gefühl greifbar, dass sich die Patienten in sich selbst zurückziehen. Manche verlieren ihr Interesse an der Zeitung und am Fernsehen. Das Verlangen, das Haus oder nur den Raum zu verlassen kann verschwinden. Die Aufmerksamkeit richtet sich nach innen, während die Energie auf das Sterben oder das Sich-Trennen von dieser Welt gerichtet ist. In diesem Zeitraum können Sterbende immer wieder das Bewusstsein verlieren. Emotional mag der Sterbende sich graduell von Freunden und Bekannten zurückziehen bis nur noch ein kleiner Kreis von Menschen zurückbleibt.

Einige natürliche Veränderungen in dieser Zeit können sein: Zunehmen des Schlafbedürfnisses, Verlangsamung des Stoffwechsels, Veränderungen im Atem, geringes Bedürfnis nach Essen und Trinken, sich kalt oder fiebrig fühlen, Ruhelosigkeit oder Aufregung. Es kann auch zu einem Energieschub kommen vor dem Tod; der Sterbende mag wacher werden und Dinge sagen oder etwas essen, was in der Phase davor nicht mehr möglich gewesen war.

In dieser Zeit können wir als Besucher vieles zum Bewahren einer friedlichen Atmosphäre um sie herum beitragen. Unsere Lieben mögen weniger sprechen, wenn der Tod naht. Erinnere dich und benutze Berührung. Da

Worte an Bedeutung verlieren, kann eine sanfte Berührung sterbenden Menschen versichern, dass sie umsorgt und geliebt werden.

Wenn die Person viele Freunde und Verwandte hat oder z.B. ein lange aus den Augen verlorener Ex-Ehemann auftaucht, kann es viel Tumult geben. Doch wenn jemand krank ist, werden unglücklicherweise die Anwesenden nicht einfach über Nacht zu Heiligen. Vielmehr verstärken sich oft negative Charakterzüge. Wenn die Beziehungen in der Familie schon zerbrechlich waren, werden sie oft noch gespannter. Im Stress lassen sich Menschen zu Engstirnigkeit und Eifersucht hinreißen und reagieren meist unbewusst.

Wenn eine Situation aufkommt, in der es laute Diskussionen oder sogar Streitigkeiten im Raum gibt und der Patient wach ist, können wir fragen: „Stimmt diese Atmosphäre für dich? Würdest du es bevorzugen, wenn sie nacheinander einzeln zu dir kommen, um

Zeit mit dir zu verbringen? Was ist am ent-
spannendsten für dich?" Auch hier sollten wir
wieder nicht einfach die Führung übernehmen
und jeden aus dem Raum schicken; frage die
sterbende Person, was sie möchte.

Manchmal müssen wir Fürsprecher sein
für eine Person, die bewusstlos ist, und sanft
aber klar die Familienmitglieder bitten: „Meinen Sie, Sie könnten diese Diskussion auch
draußen führen?"

Nachforschungen zeigen, dass Menschen,
die nicht bei Bewusstsein sind, oft dennoch
hören, was um sie herum geschieht. Deshalb
sollten wir nur über Positives sprechen. Wenn
die Person bewusstlos ist, können wir sie
begleiten, indem wir an ihrem Bett sitzen und
unseren Atem dem ihren anpassen. Wenn er
oder sie einatmet, atmest du ein und beim
Ausatmen lässt auch du den Atem entweichen.
Dies ist normalerweise eine sehr friedliche und

beruhigende Erfahrung für uns als Besucher und verbindet uns mit dem anderen Menschen.

Es ist auch möglich, dass wir uns für einen Patienten einsetzen müssen gegenüber der Familie oder auch dem Krankenhauspersonal. Wir mögen uns unwohl fühlen, mit Ärzten, Krankenpflegern oder sogar der Mutter oder dem Vater des Patienten zu sprechen oder Fragen zu stellen. Sei nicht aggressiv, aber wenn das Verhalten von jemandem unstimmig erscheint, ist es gut die Situation zu klären.

Katja, eine Freundin von mir, ging vor einigen Jahren ihren Onkel im Krankenhaus besuchen. Er hatte einen schweren Schlaganfall gehabt. Er hatte vorher schon ein paar schwächere Schlaganfälle gehabt und litt an Epilepsie, so dass die Familie eine Pflegerin angestellt hatte. Die Pflegerin war im Raum, als Katja eintrat. Ihr Onkel konnte nicht mehr sprechen noch sich bewegen, aber er war sichtlich gerührt über ihren Besuch. Seine Augen füllten sich mit Tränen. Seit einer langen Zeit hatten sie sich nicht mehr gesehen. Katja wollte einfach bei ihm sein in einer liebenswürdigen Art. Aber schon nach ein paar Minuten sagte die Pflegerin, dass sie gehen müsse, obwohl noch Besuchszeit war. Sie begründete es damit, dass der Onkel müde sei und keine Besucher sehen sollte. Meine Freundin spürte instinktiv, dass dies nicht stimmte, aber sie gehorchte und verließ den Raum.

Zwei Tage später starb ihr Onkel und sie bedauerte zutiefst, dass sie nicht länger bei ihm geblieben war. Sie hatte keine Chance gehabt, sich von ihm zu verabschieden oder sich auf einer tieferen Ebene mit ihm zu verbinden. Sie spürte, dass die Pflegerin angewiesen hatte, dass sie gehen müsse, um die Situation unter Kontrolle halten zu können. Rückblickend hatte sie das Gefühl, sie hätte darauf bestehen sollen zu bleiben.

Während des Sterbens kommt es oft zu Visionen. Unser sterbender Freund mag behaupten, mit Menschen gesprochen zu haben, die schon verstorben sind oder dass er sogar einen Heiligen gesehen habe. Er mag davon reden, dass er entfernte Plätze und Orte sieht, die wir nicht sehen können.

Diese Visionen können ein Weg der Natur sein, der Person zu helfen, sich von diesem Leben zu lösen und sie auf den bevorstehenden Übergang vorbereiten. Bitte widerspreche nicht oder erkläre, dass das nicht sein könne, noch setze es herab oder diskutiere über das, was die Person beschreibt. Nur weil wir etwas nicht sehen oder hören, bedeutet das nicht, dass es für sie nicht real ist. Diese Visionen sind normal. Falls sie den Patienten ängstigen, versuche ihn zu beruhigen.

Der Übergang

„Der Tod ist ein Teil des Lebens. Wir alle müssen ihm heute oder morgen gegenübertreten. Wichtig ist nicht, wie wir sterben, sondern wie wir leben. Gott hat uns die Freiheit gegeben zu lachen und zu weinen. Selbst wenn wir von allen Seiten von Dunkelheit umgeben sind, müssen wir fähig sein, die Flamme in uns am Brennen zu halten. Nur weil unsere Lieben gestorben sind, bedeutet das nicht, dass wir ewig trauern sollen. Unsere Schriften beziehen sich auf den Tod als einen Schritt in ein neues Leben."

– Amma

Wenn eine Person ihren Körper in unserem Beisein verlässt, können wir ein paar Dinge tun, um ihrem Geist zu helfen sich zu erheben. Wir wollen niemals nach ihr greifen, sie festhalten und etwas sagen wie: „Verlass mich nicht!" Falls möglich können wir zum Beispiel sehr sanft und leicht unsere Hand über den Scheitel legen und in einer angenehmen, ruhigen und besänftigenden Art zu der Person sprechen.

Über den Zeitraum eines Jahres habe ich oft eine Familie mit Zwillingen besucht. Bei einem der Zwillinge, Johannes, war ein Hirntumor diagnostiziert worden, als er ein Jahr alt war. Die Familie verbrachte ein Jahr im Krankenhaus; ich kam ihnen sehr nah.

Eines Tages teilte mir der Sozialarbeiter der Station mit, dass Johannes vermutlich jeden Moment sterben würde. Das Personal brachte den anderen Zwilling und man fotografierte die beiden zusammen. Bevor sie ihn wieder wegbrachten, spielte er noch etwa eine Stunde bei uns. Der Raum war gefüllt mit Freunden und Familie. So verbrachten wir den Tag.

Nach elf Stunden wurde Johannes' Atem schwer. Jeder Atemzug war für alle schmerzhaft anzuhören. Ich begann mich zu fragen, warum Johannes noch immer am Leben festhielt. Ich überlegte mir, dass er vielleicht, weil er erst zwei Jahre alt war, Angst hatte an einen neuen Platz zu gehen und die Einwilligung und Rückversicherung seiner Mutter brauchte. Da ich mich seiner Mutter sehr nah fühlte, hatte ich das Gefühl, ich könnte ihr einen Vorschlag unterbreiten. Ich flüsterte in ihr Ohr: „Susan, ich glaube, du musst ihm helfen. Ich denke, dass er etwas Angst hat und deine Erlaubnis zum Gehen braucht."

Diese unglaublich mutige Frau nahm ohne eine Träne zu vergießen ihren Sohn auf und sagte zu ihm: „Sohn, es ist Zeit zum Gehen. Du hast so hart gekämpft und wir lieben dich. Mark (dem Zwillingsbruder) wird es gut gehen. Großvater wartet auf dich. Ich liebe dich, und ich will, dass du gehst." Er starb zwanzig Minuten später.

Manchmal geschieht das Gegenteil und ein Mensch will einfach nicht die geliebte Person gehen lassen. Meine Freundin erzählte mir die folgende Geschichte:

„Ich besuchte eine Bekannte, die sehr krank war. Ihr Sohn hatte große Mühe, ihren Tod zu akzeptieren. Er sagte immer wieder: ‚Verlass mich nicht!' Die anderen Familienmitglieder und Freunde waren schon sehr gestresst durch sein Verhalten, so dass ich ihn einlud, mit mir nach draußen zu kommen. Ich blieb für eine ganze Weile bei ihm, ließ ihn weinen und erzählen, aber ich half ihm auch den Stress zu verstehen, den er seiner Mutter bereitete. Er verstand, dass er ihr die Erlaubnis zu gehen geben musste, wie es alle getan hatten, aber er wollte es nicht wirklich tun. Wir gingen wieder nach drinnen und er sagte seiner Mutter, dass er klarkommen würde, aber dass er sie sehr vermissen würde. Sie starb innerhalb von Minuten; er weinte die ganze Zeit. Er zitterte, als er sagte, sie solle gehen. Es kostete ihn eine enorme Überwindung, alle Kraft, die er hatte."

Manchmal denken wir, dass wir unser Einverständnis gegeben haben oder dass ein Mensch weiß, dass wir ihn lieben und dass wir ohne ihn auskommen werden. Aber normalerweise hilft es dem Patienten, dies ausdrücklich zu hören, auch mehr als einmal. Offen und intim zu reden kann sehr schwierig sein, wenn wir nicht an diese Ebene der Intimität gewöhnt sind oder daran, unsere Gefühle in Worte zu fassen. Aber zu diesem Zeitpunkt müssen wir den Mut finden, diese Dinge auszudrücken, denen zuliebe, die wir lieben.

Viele Sterbende – ob alt oder jung, Frauen oder Männer – machen sich Sorgen um die, die sie zurücklassen. Manche sorgen sich wegen finanzieller Probleme, manche wegen emotionaler. Alex, die Achtzehnjährige, die so dringend eine Lungentransplantation brauchte, machte sich große Sorgen darüber, welche Wirkung ihre Krankheit auf ihre Mutter hatte. Sie überlegte sogar, Selbstmord zu begehen, weil sie dachte, dass ihre Mutter nicht mehr Schmerzen ertragen könnte. Für fast jeden Sterbenden sind die Ängste bezüglich der geliebten Menschen, die zurückgelassen werden, eine großes Problem.

Kulturelle Unterschiede respektieren

Im Hinblick auf das Respektieren von kulturellen Unterschieden ist Amma für uns alle ein großartiges Beispiel. Sie hat ständig mit Menschen der verschiedensten Kulturen zu tun, und dennoch gibt sie allen die gleiche Aufmerksamkeit und Liebe und macht keinen Unterschied zwischen ihnen.

Du magst in den Sterbeprozess eines Menschen eingebunden werden, der einem völlig anderen Glaubenssystem folgt als du. Wir müssen den Glauben des Sterbenden ehren und respektieren, selbst wenn er Dinge beinhaltet, die wir als kulturelle Mythologie oder sogar Aberglauben ansehen. Nachdem ein irischer Freund von mir gestorben war, öffnete ich das Fenster, weil manche Iren daran glauben, dass sich die Seele durch das Fenster entfernt. Vielleicht führte sein Glaube ihn zu genau dieser Erfahrung. Es war nicht mein Glaube, aber da es seiner war, habe ich ihn respektiert.

Verschiedene Kulturen gehen unterschiedlich mit dem Tod um. Eine Freundin erzählte mir, dass sie nie vor jemandem, der ihr lieb war und im Sterben lag, weinen würde. Sie kam aus einer Familie, in der keine Gefühle gezeigt wurden und meinte deshalb, dass Weinen den Sterbenden traurig machen würde. Manche Kulturen entscheiden sich, die Patienten zu schützen und ihnen nicht mitzuteilen, dass sie unheilbar krank und dem Tod nahe sind. Wir müssen die verschiedenen Wege, auf denen Menschen mit solch ernsten Situationen wie dem Tod oder schlimmen Krankheiten umgehen, ehren, ohne ihnen unser eigenes Glaubenssystem aufzudrücken zu wollen.

Du magst einen Raum betreten mit Menschen, die stark ihre Gefühle ausdrücken, weinen, sich gegen die Brust schlagen, oder du magst in einen Raum kommen mit Menschen, die weder berühren noch reden noch weinen; sie mögen sogar nicht einmal in die Nähe des Sterbenden kommen. Erinnere dich, dass die Regeln der einen Kultur nicht besser oder schlechter sind als die einer anderen. Es ist wichtig, die kulturellen Verhaltensweisen und Traditionen eines jeden zu respektieren.

Im Folgenden ein Dialog mit einer griechisch-orthodoxen Frau – über diese Religion wusste ich fast nichts. Zoi war in Griechenland geboren und übersiedelte in die Vereinigten Staaten. Wir hatten vorher schon ausgiebig über ihre Religion, Kultur, Essen und ihre Feste, die einen großen Teil ihres Lebens ausmachen, gesprochen.

Dialog Nr. 6 – Kulturelle Unterschiede

Patientin: Ich habe schlechte Nachrichten. Die Ärzte haben neun Tumore in meinem Gehirn gefunden.

Besucherin: (Die Besucherin streckt ihre Hand aus und berührt sie am Bein und schaut ihr mitfühlend in die Augen.) Das tut mir so leid, Zoi. Wie fühlst du dich?

Patientin: Ich denke, ich bin schockiert. Der Arzt sagt, sie wollen bestrahlen. Aber zunächst werde ich nach Hause gehen und die Dinge mit meiner Familie besprechen.

Besucherin: Wie wird das für dich sein?

Patientin: Ich habe wirklich Angst davor. Lunge und Leber sind akzeptabel, aber diese Sache mit dem Gehirn... Ich habe echt Angst. Ich fürchte mich nicht vor dem Sterben. Jeder muss sterben. Aber mein Sohn... Er ist mir so nah. Ich versuche ihm zu sagen: „Schau, wenn mir etwas zustoßen sollte…" Aber er sagt: „Nein, Mama, rede nicht so" und verlässt den Raum.

Besucherin: Es klingt, als ob du dann alleine dastehst mit all deinen Gefühlen.

Patientin: Er hängt so an mir – ist zu nah. Er ist zu nah. Ich weiß nicht, was ich machen soll. (Sie ist mit ihrer Aufmerksamkeit so bei ihm, dass sie nicht einmal auf die Aussage, dass sie alleine dastehe, eingehen kann.)

Besucherin: Ist es das Schwierigste an der Krankheit, dass du es deinem Sohn mitteilen musst?

Patientin: Ja, das ist es. Er wird mich später besuchen kommen. Ich weiß nicht, warum das gerade mir passieren muss. Ich bin ein guter Mensch. Du kannst alle fragen. Kannst du mir erklären, warum mir das passiert?

Besucherin: Nein, ich kann nicht sagen warum. Wir wissen es nicht. Nur Gott weiß. Ich denke, das ist eines der Geheimnisse des Lebens. Magst du über deine Beziehung zu Gott erzählen?

Patientin: Letzte Nacht war nicht so gut. Ich sagte Gott: „Es tut mir leid, aber ich habe mein ganzes Vertrauen verloren."

Besucherin: Nun, wenn du mit Gott gesprochen hast, kannst du deinen Glauben nicht völlig verloren haben.

Patientin: (Lacht) Ich denke, da hast du recht. Aber ich bin so ärgerlich.

Besucherin: Das ist in Ordnung. Du darfst ärgerlich sein.

Patientin: Ich verstehe nur nicht, warum. (Mit großer Intensität und mit erhobener Stimme) Warum? Warum muss das geschehen?

Besucherin: (Die Besucherin berührt ihr Bein und schaut sie mit Liebe an.) Dies muss eine sehr schwierige und verwirrende Zeit für dich sein, Zoi.

Dieses Gespräch ist ziemlich typisch, wenn
jemand zum ersten Mal negative Prognosen
erhält. Da gibt es viele Themen: Ihr Glaube, die
immer präsente Frage „Warum?" und ihr Sohn,
der den Gedanken nicht ertragen kann, seine
Mutter zu verlieren. Selbst wenn wir als Helfer
nicht den gleichen Glauben haben oder aus
einem anderen Kulturkreis kommen, können
wir bleiben und den Themen, die der Patient
während unseres Besuchs aufwirft, zuhören.

Kinder

Falls der Patient Kinder hat, ist es wichtig sie einzubeziehen. Es ist wichtig, mit ihnen darüber zu sprechen, was sie erleben und auch mit ihnen zu teilen, was wir erleben.

Allgemein gesagt haben Kinder zwischen fünf und zehn Jahren noch nicht das Vokabular, um ihre Gefühle auszudrücken. Mehr noch als Erwachsene benötigen sie eine unterstützende und sichere Umgebung, in der sie sich öffnen können. Kinder brauchen Körperkontakt. Was ein Kind sich vorstellt, ist meist bei weitem schlimmer, als was tatsächlich mit einer Person geschieht, die stirbt.

In manchen Ländern, z.B. den Vereinigten Staaten, wurde in größeren Krankenhäusern eine Abteilung zur psychologischen Betreuung von Kindern geschaffen, die selbst oder deren Eltern schwer erkrankt sind. Die Mitarbeiter sind geschult, mit Kindern ihrer Entwicklung, ihrem Alter und ihrem intellektuellen Fassungsvermögen entsprechend zu sprechen.

Wenn du in eine Situation kommst, in der ein Kind betroffen ist, halte Ausschau nach einer solchen Einrichtung. Wenn das Krankenhaus, das du besuchst, klein ist und keine solche Einrichtung hat, rufe in einem größeren an und spreche mit ihnen über die Situation.

Eine Freundin teilte mir folgende Geschichte mit:

„In meiner Zeit als Seelsorgerin wurde ich eines Nachts zu einem dringenden Fall gerufen. Als ich eintraf, standen schon viele Menschen im Raum bei einem Mann, dessen Herz ausgesetzt hatte. Seine Frau stand unruhig und angespannt vor der Türe und versuchte, ihre sechsjährige Tochter nicht sehen zu lassen, was geschah. Trotzdem konnte das Mädchen hören, was vor sich ging, sowie die erhöhte Energie und den Stress in der Atmosphäre fühlen. Als die Krankenschwester mich sah, rief sie mich sofort herüber und sagte zu der Frau: ‚Dies ist die Seelsorgerin'. Ich fragte sie: ‚Möchten Sie drinnen sein bei Ihrem Mann?' Sie sagte: ‚Ja, aber meine Tochter…' Ich kniete mich hin und fragte das kleine Mädchen: ‚Wenn deine Mutter nach drinnen geht, um deinem Papa zu helfen, magst du mit mir hier bleiben?' Mit weit offenen, erschreckten Augen nickte es. Ich breitete meine Arme aus und sie kam sofort zu mir. Ich nahm sie auf den Arm und ging mit ihr den Gang hinunter. Als erstes fragte ich sie nach ihrem Namen und sagte ihr meinen. Dann sagte ich: ‚Mann, das muss aber wirklich erschreckend sein für dich.' ‚Ja, das ist es!' sagte sie. Sie nickte kräftig mit dem Kopf in großer Erleichterung, dass jemand ihren Gefühlen Bedeutung beimaß. Ich sagte weiter: ‚Wenn ich du wäre, hätte ich auch Angst.' Wir redeten weiter, bis mir mitgeteilt wurde, dass ihr Vater erfolgreich wiederbelebt worden war und wir sie in den Raum bringen konnten, um ihren Vater zu sehen.

Während unseres Gesprächs stellte ich einfache Fragen, um ihr zu helfen, ihre Gefühle über die Einweisung ihres Vaters und die Gefühle, die sie in dem Moment hatte auszudrücken. Selbst wenn Kinder nicht alles verstehen, was vor sich geht, nehmen sie doch die intensive Energie in diesem Moment auf. Irgendwie war ein sicherer Hafen entstanden, als ich meine Arme ausstreckte und sie beschloss, mir zu vertrauen. Solch einen sicheren Hafen müssen wir für Kinder immer wieder schaffen, um sie von ihrem Leiden, ihrer Angst und ihrem Schmerz zu befreien."

162

Die Angehörigen unterstützen

Manchmal ist es nicht der sterbende Patient, sondern der pflegende Angehörige, der unsere Hilfe und Aufmerksamkeit braucht. Pflegende Angehörige haben oftmals Angst, das Krankenbett des Partners oder der Eltern zu verlassen und mögen sich völlig verausgaben. Diesen Angehörigen zu dienen ist auch sehr wichtig. Man kann ihnen eine Tasse Tee, Wasser oder Essen anbieten oder das Angebot machen, beim Patienten zu bleiben, während sie eine Pause machen.

Wenn wir selbst in die Situation kommen, uns als Hauptverantwortliche um die Pflege eines Patienten zu kümmern, und es so aussieht, als könne das für eine längere Zeit sein – einen Monat, drei, sechs Monate oder auch ein Jahr – müssen wir uns Gedanken darüber machen, was wir brauchen, um tagein, tagaus anwesend zu sein zu können.

Diese Art von Dienst kann sowohl emotional als auch körperlich ermüdend sein. Nach nur einer Stunde mit einem Patienten mögen wir uns fühlen wie nach einer Achterbahnfahrt. Wir mögen mit ihnen gelacht, geweint und ihnen geholfen haben, sich durch komplizierte und ständig wechselnde Emotionen hindurch zu finden. In einem Moment wollen sie vielleicht sterben und im nächsten Moment drücken sie aus, wie schwer es ist, ihre Lieben loszulassen.

Diese Vielfalt an Emotionen kann sich bei einem einzigen Besuch zeigen, so ist es gut wenn wir vorbereitet sind: Was hilft dir, mit Stress umzugehen? Wen kannst du anrufen, wenn du eine Pause brauchst? Es ist sehr schwierig, präsent zu sein und gute Entscheidungen zu treffen, wenn wir erschöpft, gestresst und von Kaffee aufgeputscht sind.

Die Bedeutung von Humor

„Lachen ist gut für das Herz… Ernsthaftigkeit ist eine Krankheit und wir sollten versuchen, sie abzulegen und uns selbst erlauben, mehr zu lachen. Lachen ist gut für die Gesundheit. Von ganzem Herzen zu lachen, ist die beste Art und Weise uns zu öffnen."

– Amma

Als mein Vater mit Lungenkrebs im Krankenhaus lag, kam ein Priester für die Krankensalbung. An dem Tag waren etwa zwanzig Besucher gekommen. Sie alle versammelten sich um das Bett und die Atmosphäre war sehr feierlich; manche weinten.

165

Der Priester salbte ihn und als er damit fertig war, öffnete mein Vater die Augen, winkte dem Priester und sagte: „Gute Arbeit, Vater!"

Wir alle brachen in Gekicher aus. Sein Humor zerschnitt die Spannung im Raum. Jetzt weinten wir mit Lachen! Das war ein solches Geschenk und etwas, das mein Vater typischerweise machte – uns alle zum Lachen bringen.

Ich möchte nicht sagen, dass es gut ist, dass wir von unseren Gefühlen ablenken, indem wir Witze reißen. Manche Menschen fühlen sich unwohl mit den aufkommenden Gefühlen, wenn sie Kranke besuchen und machen Witze aus Nervosität, um die Spannung abzubauen. Dies ist keine gute Idee. Wir können über ihre Witze lachen, aber wir wollen nicht sarkastisch sein nur aus einem Abwehrmechanismus heraus.

Wenn Lachen heilsam hilft, Spannung zu entladen, können wir stattdessen auch vorschlagen, einen lustigen Film anzuschauen oder laut aus einem lustigen Buch vom Lieblingskomiker des Patienten vorzulesen. Eine gute Daumenregel, wenn man humorvoll ist: Sei freundlich, sanft und geschickt.

Die Trauernden trösten

Manchmal dienen wir, indem wir Hinterbliebene trösten. Wenn jemand plötzlich verstorben ist, während einer Operation oder durch einem Unfall oder auch unerwartet während einer langen unheilbaren Krankheit, ist es am besten, eher still anwesend zu sein, während man einen trauernden Freund oder Ehepartner tröstet. Ich habe einmal eine Geschichte gelesen über einen Mann, der seinen Sohn verloren hatte. Als er gefragt wurde, was er bräuchte, antwortete er, dass er einfach jemanden wollte, der neben ihm auf der Bank sitzt. Manchmal gibt es nichts zu sagen.

Ich besuchte ein Paar, das gerade den zwei Wochen alten Sohn verloren hatte. Er hatte

Fieber bekommen und war innerhalb von vierundzwanzig Stunden gestorben. Sie waren in einem Schockzustand. Die Mutter sagte mir immer wieder: „Ich muss ihn mit nach Hause nehmen." Ihre Trauer war riesig. Ich war zwei Stunden bei ihnen, und ich glaube, ich habe in der ganzen Zeit nicht mehr als ein paar Worte gesprochen. Nichts konnte gesagt werden, um diese immense Trauer zu erleichtern. Ich hielt sie, umarmte sie und brachte ihnen Wasser zu trinken. Was kann man in einer Situation wie dieser sagen?

Es gibt keinen Tod

Gelegentlich kann eine Transformation geschehen, wenn jemand erfährt, dass er oder sie aufgrund einer Krankheit kein langes Leben haben wird; die Seifenblase der Hoffnung auf eine bessere Zukunft zerplatzt und der Patient kann so bei sich, im Jetzt ankommen. Das Gefühl der Ausweglosigkeit bietet die Möglichkeit eines Bewusstseinwandels und einer enormen Öffnung des Herzen.

Ich begleitete meine Freundin Sarah ein Jahr lang, ihr letztes Jahr. Sie war vierzig Jahre alt und hatte Leukämie. Wir verbrachten viel Zeit miteinander bei dem Auf und Ab der verschiedenen Behandlungen. Ich war sogar bei zwei Knochenmarkstransplantationen dabei.

Wir sprachen sehr tiefgehend über spirituelle Themen, auch wenn sie sich als ausgesprochene Atheistin bezeichnete.

Sarah hatte eine sehr kraftvolle Präsenz. Die anderen Patienten auf der Station kamen zu ihr auf der Suche nach Trost oder für ein Gespräch. Wenn sie schlechte Nachrichten von ihrem Arzt zu hören bekam, sagte sie: „Nun, mal sehen, was als nächstes kommt." Wir meditierten oft zusammen. Manchmal hörte sie sich eine CD an, wie man mittels Visualisierung Krebs heilen könnte, und ich rieb ihre Füße ein.

Eines Tages, ungefähr einen Monat, bevor sie starb, begann sie zu weinen. Ich dachte bei mir: „Oh, gut, endlich akzeptiert sie ihre Sterblichkeit."

Bis dahin hatte ich es schwer gefunden, eine Lücke in ihrer unglaublich positiven Einstellung zu finden und anzusprechen, dass es

171

sehr gut möglich sei, dass sie nicht überleben würde.

Ich beugte mich zu ihr und fragte, ob sie wisse, wo die Tränen herkämen. Nach einer Weile lächelte sie und sagte: „Ich bin so voller Leben. Da sind keine Barrieren mehr zwischen dir und mir oder mir und anderen oder irgendetwas. Ich fühle nur Liebe allem gegenüber. Ich weine, weil ich möchte, dass jeder das fühlen kann, aber es ist ihnen nicht möglich." Sie schluchzte eine lange Zeit, aber nicht aus Selbstmitleid oder Angst vor dem Tod, sondern aus Liebe und Dankbarkeit. Sie hatte eine tiefe spirituelle Erfahrung.

Zur Zeit ihres Todes fragte ihr Mann, ob sie mehr Morphium haben wollte. Als sie zögerte sagte er: „Du weißt, du musst dies hier nicht mehr aufrechterhalten." Sie lächelte und sagte: „Gut." Sie starb zehn Minuten später, aufrecht sitzend, lächelnd, während sie auf das Bild eines geöffneten Fensters schaute.

Sterben kann eine Feier des Lebens sein. Ich habe einmal eine portugiesische Familie besucht. Die Frau hatte gerade ein Kind geboren. Ein paar Tage vorher hatte sie erfahren, dass das Baby nicht lange leben würde. Der Mann, die Eltern und ein katholischer Priester, der mein Freund war, waren anwesend. Sobald die Krankenschwester das Baby hereinbrachte, begannen alle Familienmitglieder zu klatschen und brachen in Hochrufe aus. Sie drückten eine Kamera in meine Hand und sagten: „Mach Bilder!" Reihum hielten alle das Kind und redeten mit ihm auf Englisch und Portugiesisch. „Wir lieben dich so sehr!", „Du bist perfekt. Oh, du bist so wunderschön…" Der Priester und ich machten abwechselnd Fotos und wischten uns die Tränen aus den Augen.

Ich saß neben der Mutter, die das Baby in den Armen hielt und nach zwanzig Minuten drehte sie sich einfach zu mir um und sagte:

„Er ist kalt. Er wird blau." Er starb in ihren Armen.

Ich war so gesegnet, dass ich teilhaben durfte an diesem wunderschönen vollen Leben, das zwanzig Minuten gedauert hatte. Diese Menschen liebten das Kind die ganzen zwanzig Minuten seines Lebens, tiefer und herzlicher als es manche Menschen während ihrer ganzen Kindheit erleben. Was für eine wunderschöne Lektion erteilten sie mir. Es war eine unglaublich berührende Erfahrung für meinen Freund und mich. Wir hatten noch nie etwas Ähnliches gesehen.

Viele Propheten und Weise haben uns immer wieder und auf verschiedenen Wegen mitgeteilt, dass es etwas wie den Tod nicht gibt. Es gibt verschiedenen Metaphern für den Tod: Er sei wie das Verlassen eines Raumes und der Eintritt in einen anderen oder wie das Ablegen eines Mantels, den man nicht mehr braucht. Amma sagt oft: „Der Tod ist wie der

Punkt am Ende eines Satzes. Da ist eine kleine Lücke, und dann beginnen wir wieder mit dem Schreiben."

Eine Freundin erfuhr, dass Arthur, einer der engsten Freunde ihrer Mutter, an einem Gehirntumor sterben würde. Die Ärzte hatten ihm sechs bis zwölf Monate gegeben. Ungefähr zwei Monate später hatte meine Freundin einen Traum, in dem ihr Arthur erschien. Er sah etwas jünger aus und er trug nicht seine übliche Brille. Es war tiefer Frieden um ihn. Er sagte: „Sage deiner Mutter, dass ich gestorben, aber nicht tot bin." Am nächsten Morgen rief sie ihre Mutter an, die ihr sagte, dass Arthur in der Nacht gestorben sei.

Der Tod gehört zum Leben. Wir sollten ihm nicht erlauben, uns niederzuschmettern. Eher können wir von ihm lernen. Während meiner Zeit als Seelsorgerin beobachtete ich, dass den Menschen mit Glauben oder spirituellem Verständnis die Erdung und die

Bestätigung, die sie dadurch erhielten, immens zugute kamen. Wenn ich am Ende eines Tages im Zug nach Hause fuhr, nachdem ich so viel Leiden gesehen hatte, war ich oft überwältigt von Dankbarkeit für Ammas Anwesenheit in meinem täglichen Leben. Wir sind so gesegnet, dass wir Ammas Liebe und Mitgefühl haben – eine Unterstützung und Beruhigung für uns, wenn wir den Herausforderungen des Lebens begegnen. Indem wir Ammas Beispiel als Inspiration nehmen, mögen wir im Dienst und im Mitgefühl wachsen.

Ammas Worte über den Tod

„Kinder, wer kann dem Tod entrinnen? Wenn du geboren wirst, kommt der Tod mit dir. Jeder Moment deines Lebens bringt dich dem Tode näher. Die Menschen sind sich dessen nicht bewusst. Sie sind so verstrickt in die Vergnügungen der Welt, dass sie diese Tatsache völlig übersehen. Es gibt keinen Zeitpunkt, zu dem der Tod nicht gegenwärtig ist. In Wahrheit liegen wir immer zwischen den Kiefern des Todes. ... Die Weisen sind sich der Unausweichlichkeit des Todes bewusst und versuchen ihn zu transzendieren.

Während wir das Leben leben, erlangt ein weiser Mensch die geistige und spirituelle Stärke, auch im Tode zu leben oder in der

Ewigkeit nach dem Tode. Sein Ego stirbt. Wenn das Ego überwunden ist, ist keine Person mehr da und so ist niemand da, der sterben könnte. Solche Menschen sind so voller Leben, dass sie keinen Tod kennen. Da sie den Tod überwunden haben, kennen sie nur Leben, ewig pulsierendes Leben überall. Sie sind das Leben an sich. Der Tod ist ein unbekanntes Phänomen, für sie existiert er nicht. Der Tod, den wir kennen, das Vergehen des Körpers, mag auch bei ihnen geschehen, aber dieser Tod ist für sie nichts weiter als eine Chance. Sie fürchten sich nicht vor dem Tod des Körpers. Vielmehr existieren sie im Leben und durch den Tod hindurch als die Essenz des Lebens, die wieder eine andere Form annehmen wird, wenn sie es wünschen. ...

Wellen sind nichts als Wasser. Nachdem eine Welle sich gehoben und gesenkt hat, nimmt dasselbe Meereswasser an einer anderen Stelle die Form einer Welle an. Welche

Gestalt und Form es auch immer annimmt,
es ist nichts als Meereswasser. Ebenso mag
der Körper einer zur Vollendung gelangten
Seele sterben wie der Körper eines gewöhnlichen Menschen. Der Unterschied ist, dass
ein Normalsterblicher sich als getrenntes
Wesen ansieht – ein Teil, das vom Höchsten
Bewusstsein abgespalten ist wie eine einzelne,
vom Meer abgetrennte Welle – während eine
vollendete Seele sich ihrer Einheit mit dem
höchsten Bewusstsein vollständig bewusst ist.
Dieser Mensch weiß, dass er keine abgetrennte
Welle ist, sondern der Ozean selbst, auch wenn
er eine menschliche Form angenommen hat.
Deshalb hat er keine Angst vor dem Tod. Er
weiß, dass es ein natürliches Phänomen ist,
nur eine Veränderung. Er weiß sehr klar, dass
so wie eine Welle sich erhebt, wieder absenkt
und erneut in einer anderen Form anderswo
auftaucht, auch der Körper durch Geburt, Tod
und erneute Geburt geht. *Mahatmas* wissen,

dass sie der Ozean sind, nicht die Welle. Sie sind *Atman* [das Selbst], nicht der Körper. Aber ein normaler Mensch denkt, dass er der Körper sei, eine einzelne Welle, und dass er für immer ein Ende findet, wenn der Körper stirbt. Dies erfüllt ihn mit Angst, denn er will nicht sterben. Deshalb bekümmert es ihn, an den Tod zu denken. Er möchte vor dem Tod fliehen."[7]

„Geburt und Tod sind nur relativ. Aus letztendlicher Sicht sind sie nicht wirklich. Wie jede andere Lebenserfahrung sind dies zwei Erfahrungen, die jeder Mensch machen muss. Es sind die bei weitem intensivsten Erfahrungen, die wir machen können. Wegen ihrer Intensität hat die Natur eine Methode ersonnen, damit man diese zwei Hauptereignisse des Lebens vollkommen vergisst. Für den gewöhnlichen Menschen ist es schwierig,

---

[7] Swami Amritaswarupananda: *Awaken children IV*, Kerala, Indien: Mata Amritanandamayi Mission Trust, 1992, S. 270f

während der eigenen Geburt und während des Sterbens bewusst zu bleiben. Geburt und Tod sind zwei Lebensstadien, in denen man völlig hilflos ist. Während der Zeit im Mutterleib und wenn es aus dem Mutterleib herauskommt, ist das Kind hilflos. Für einen sterbenden Menschen gilt das gleiche. Bei beiden Erfahrungen ist das Ego so weit in den Hintergrund gewichen, dass es machtlos ist. Kinder, ihr wisst nicht, was während und nach dem Tod mit euch geschieht. Ihr müsst furchtlos sein und voll bewusst, damit ihr für die Erfahrung offen seid. Ihr könnt sie nicht machen, wenn ihr Angst habt und verschlossen seid. Nur diejenigen, die genügend Tiefe haben, furchtlos sind und sich ununterbrochen in einem Zustand der Bewusstheit, der vollen Wachheit, befinden, können die Seligkeit des Todes erleben. ...

Selbstverständlich wird die Todeserfahrung zu einem gewöhnlichen Erlebnis, sobald ihr die Fähigkeit habt, bewusst und wachsam zu sein, während ihr durch sie hindurchgeht. Dann werden Geburt und Tod euch nicht stören; bei beiden Gelegenheiten könnt ihr lächeln. Der Tod ist keine befremdliche Erfahrung mehr für euch. Allerdings ist dies nur möglich, wenn ihr mit eurem wahren Selbst vereinigt seid. ...

Als Ergebnis der Erkenntnis, dass ihr nicht der Körper seid, sondern das Höchste Bewusstsein, wird das ganze Zentrum eurer Existenz ins Selbst verlegt. Ihr werdet erwachen und erkennen, dass ihr geschlafen habt und dass die Welt und alle mit ihr verbundenen Erfahrungen nur ein Traum waren, nur ein Spiel von dem ihr träumtet. Ihr werdet lachen, wenn ihr dieses köstliche Spiel des Bewusstseins betrachtet."[8]

---

[8] Swami Amritaswarupananda: *Gespräche mit Amma 4,* Kerala, Indien: Mata Amritanandamayi Mission Trust, 1997, S. 224ff

Praktische Anwendung

„Eine unglückliche Seele zu trösten, die Tränen einer weinenden Person zu trocknen ist größer als jede weltliche Leistung."

– Amma

Ich lade dich ein, bei einer Sterbebegleitung ein Tagebuch zu führen. Hier sind einige hilfreiche Fragen. Es gibt keine richtigen oder falschen Antworten; der Zweck der Übung ist, unsere Aufmerksamkeit zu schulen.

1. Schreibe alles von deinem Besuch nieder, an das du dich erinnern kannst.

2. Wie hast du dich am Ende des Besuches gefühlt? Beziehe die „Liste von Gefühlswörtern" auf den nächsten Seiten mit ein.

3. Wenn du zurückschaust auf den Besuch, kommen dir irgendwelche neuen oder anderen Gefühle?

4. Welche Emotionen hat der Patient wie ausgedrückt? Beziehe die „Liste von Gefühlswörtern" auf der nächsten Seite mit ein.

5. Was hat deine nicht-verbale Kommunikation dem Patienten signalisiert?

6. Ist jemand während deines Besuches in den Raum gekommen? Wie hat das den Ton des Gespräches beeinflusst?

7. Hat der Patient irgendwelche Bedürfnisse ausgedrückt? Falls ja, konntest du etwas davon erfüllen?

8. Hast du dich zu irgendeinem Zeitpunkt unwohl gefühlt? Weißt du, was dieses Gefühl hervorgerufen hat?

9.   Hast du dich genügend vorbereitet gefühlt für den Besuch (z.B. zentriert, geerdet)? Falls nicht, was könntest du nächstes Mal tun, um dich besser vorzubereiten?

10.   Ist auf der Gefühlsebene eine Verbindung zu dem Patienten entstanden? Wenn nicht, warum nicht?

11.   Was wirst du nächstes Mal anders machen?

12.   Hattest du Pläne, bevor du das Zimmer betratest?

13.   Hast du etwas über dich selbst gelernt?

Liste von Gefühlswörtern

abgelehnt

abhängig

abscheulich

angegriffen

angespannt

ängstlich

angstvoll

anonym

ärgerlich

aufgeregt

ausgelaugt

ausgenutzt

ausgeschlossen

ausgestoßen

bange

bedroht

bedrückt

bekümmert

belästigt

beleidigt

benommen

beschämt

besiegt

besorgt

bestürzt

betrogen

betrübt

bevormundet

chaotisch

dankbar

dominiert

eingeengt

eingekerkert

eingesperrt

einsam

elend

empört

entkräftet

entmutigt	gequält
entschlossen	gereizt
entsetzt	gerügt
entspannt	gezwungen
entstellt	gleichgültig
enttäuscht	gönnerhaft
erbärmlich	herabgesetzt
erniedrigt	herausgefordert
erschöpft	hilflos
erschreckt	hin und her gerissen
explodierend	hintergangen
fähig	hoffnungslos
festgelegt	irritiert
frustriert	isoliert
geekelt	kampflustig
gefangen	kindlich
gefühllos	kompliziert
gehemmt	launisch
gelassen	lustlos
genervt	machtlos
genötigt	missachtet

missbraucht
misshandelt
missverstanden
mürrisch
negativ
neidisch
nervös
neurotisch
niedergeschlagen
niedergeschmettert
optimistisch
perplex
positiv
rasend
ruhig
schlapp
schlau
schlecht
schrecklich
schuldig
schwierig

selbstmitleidig
selbstsüchtig
sensitiv
sorgenvoll
sorgfältig
traurig
überdrüssig
übergangen
überreizt
überwältigt
unerwünscht
unfähig
unkontrolliert
unsicher
unsichtbar
untauglich
untröstlich
verängstigt
verärgert
verbittert
verdammt

verflucht

verhärtet

verhasst

verhätschelt

verkrüppelt

verlassen

verlegen

verletzt

vernachlässigt

verraten

verrückt

verstoßen

verwandelt

verwirrt

verwöhnt

verzagt

verzweifelt

wertlos

widerlich

wütend

zimperlich

zögernd

zornig

zuversichtlich

Dieses Buch ist das Ergebnis einer dreijährigen Zusammenarbeit; es entstand durch das Talent und Wissen der folgenden Menschen: Swamini Krishnamrita Prana, Swami Paramatmananda Puri, Mira, Vineeta, Sachin, Divya, Neeraja, Priyan, Deva Priya, Upasana, Rasya, Haran, Praveena, Kripa Prana, Amala, Kripa, Shubha, Anupama, Hari Sudha, Ramani, Devika, Rajita, Amarthya, Agama, Adam, Atulya, Anavadya, Tarini Ma, Ram Das, Vinaya, Sivani, Chaitanya, Vedavati, Annari und Rod.

Außerdem möchte ich mich bei allen Patienten und Familienmitgliedern, die ich treffen durfte, bedanken. Danke, dass ihr meine Lehrer gewesen seid.

Der gesamte Erlös
von ‚Besuche bei Sterbenden'
geht an die karitativen Projekte
von Ammas Hilfswerk
‚Embracing the World'.
Für weitere Informationen
besuchen Sie bitte die Homepage
www.embracingtheworld.org